Impressum
Verlag: BABADADA GmbH, Nedderfeld 112 , 22529 Hamburg
Geschäftsführer / Verlagsleitung: Harald Hof
Druck: Books on Demand GmbH, In de Tarpen 42, 22848 Norderstedt

Imprint
Publisher: BABADADA GmbH, Nedderfeld 112 , 22529 Hamburg, Germany
Managing Director / Publishing direction: Harald Hof
Print: Books on Demand GmbH, In de Tarpen 42, 22848 Norderstedt

# escuela
# sukuu

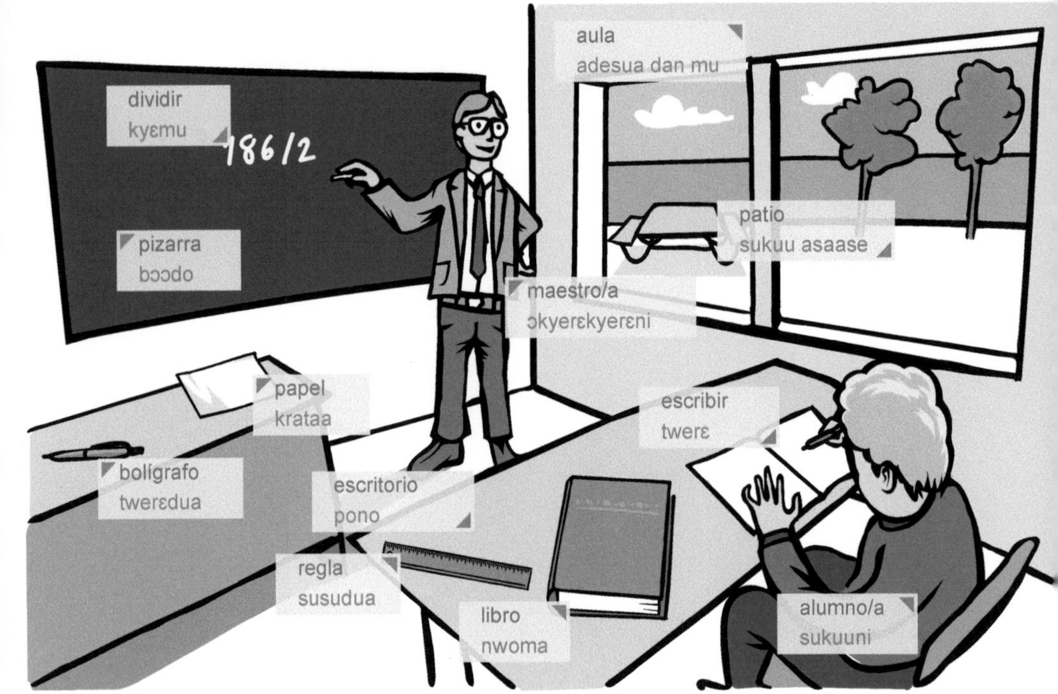

aula
adesua dan mu
dividir
kyɛmu
186/2
pizarra
bɔɔdo
patio
sukuu asaase
maestro/a
ɔkyerɛkyerɛni
papel
krataa
escribir
twerɛ
bolígrafo
twerɛdua
escritorio
pono
regla
susudua
libro
nwoma
alumno/a
sukuuni


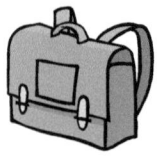

cartera

baage

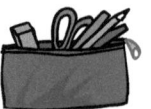

caja de lápices

adeɛ wɔde twerɛdua hyɛ mu

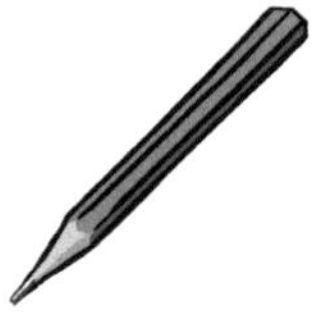

lápiz

twerɛdua

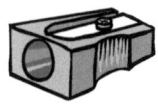

sacapuntas

adea wɔde sensene twerɛdua ano

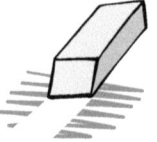

goma de borrar

rɔba

cuaderno de dibujo

drɔɔwin nkrataa

dibujo

drɔɔwin

pincel

adeɛ a wɔde bɔ akaadoo
mu

caja de pinturas

akaadoo adaka

tijeras

apasoɔ

pegamento

aduro a wɔde sɔ nnooma bɔ
mu

cuaderno de ejercicios

krataa wɔyɛ dwumadie wɔ
mu

deberes

efie adwuma

número

nɔma

sumar

ka bom

restar

te frim

multiplicar

fabaho

calcular

bo ho nkonta

letra

atwerɛdeɛ

alfabeto

atwerɛdeɛ

palabra

asɛm

texto

atwerɛ

leer

kan

tiza

chalk

lección

adesua

cuaderno de notas

krataa a din ahodoɔ wɔ mu

examen

nsɔhwɛ

certificado

nimdeɛ krataa

uniforme escolar

sukuu ataadeɛ

educación

adesua

enciclopedia

encyclopedia

universidad

suapon kɛseɛ

microscopio

afidie a wɔde hwɛ adeɛ
aniwa ntumi nhunu

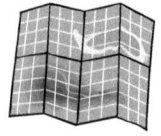

mapa

asaase mfonin a ɛwɔ krataa
so

papelera

kɛntɛn a wɔde krataa na ayɛ
a wɔde nwura gu mu

# viaje
# akwantuo

hotel
ahomegyebea
Grand
albergue
atenaeɛ
ROOMS
oficina de cambio de divisas
baabi aa yɛsesa
CHANGE
maleta
baage a wɔde nnoɔma gu mu
coche
kaa

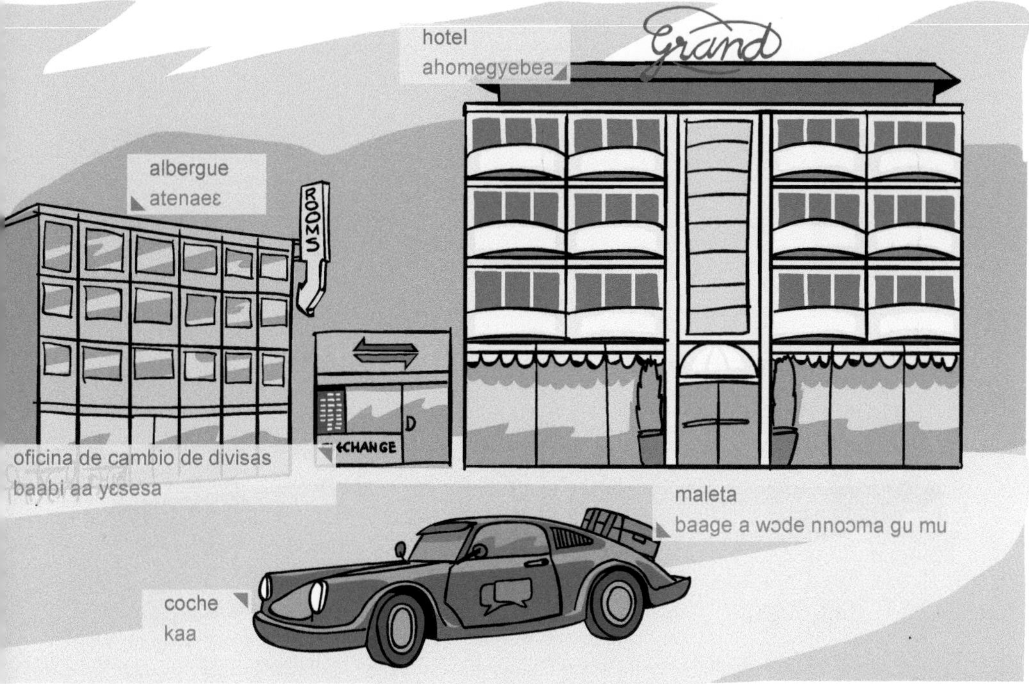

idioma

kasa

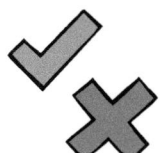

sí / no

aane / daabi

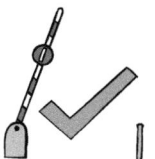

Vale

Yoo

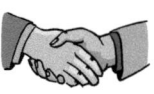

hola

hɛlo

traductor

deɛ wɔkyerɛkyerɛ kasa ase

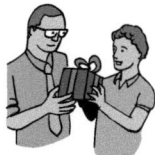

Gracias

Medaase

¿cuánto es...?

... ɛyɛ sɛn?

No entiendo

Menteaseɛ

problema

ɔhaw

¡Buenas tardes!

Maadwo!

¡Buenos días!

Maakye!

¡Buenas noches!

Da yie!

adiós

nante yie

dirección

akwankyerɛ

equipaje

nnɔɔma a wɔde tu kwan

bolsa

kotokuo

mochila

baage a yɛde bɔ yakyi

invitado

ɔhɔhoɔ

habitación

danmu

saco de dormir

bag a yɛda mu

tienda de campaña

ntomadan

información turística

adesrafoɔ nsɛm

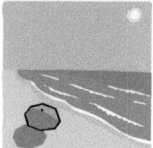

playa

po ano

tarjeta de crédito

krɛdit kaade

desayuno

anopa aduane

almuerzo

awia aduane

cena

anwumerɛ aduane

billete

tikiti

ascensor

pagya

sello

agyinahyɛdeɛ

frontera

ɛhyeɛ

aduana

adwumayɛfoɔ a wɔgyina
aman mmienu hyeɛ so

embajada

ɔman bi asoeɛ

visa

akwantuo krataa

pasaporte

akwantuo krataa

# transporte

# ɛhyɛn

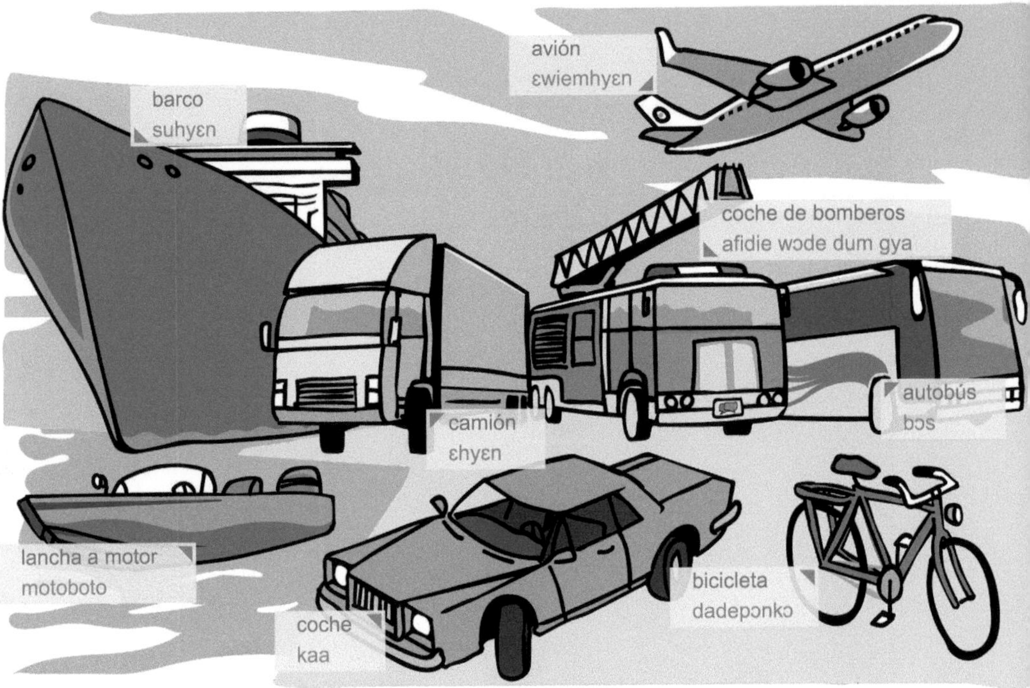
avión
ɛwiemhyɛn
barco
suhyɛn
coche de bomberos
afidie wɔde dum gya
autobús
bɔs
camión
ɛhyɛn
lancha a motor
motoboto
bicicleta
dadepɔnkɔ
coche
kaa

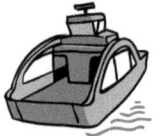

transbordador

subonto

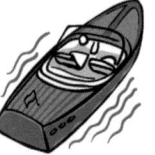

barca

suhyɛn

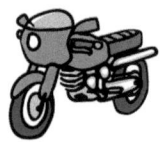

moto

dadepɔnkɔ

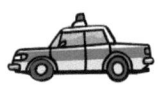

coche de policía

apolisifoɔ kaa

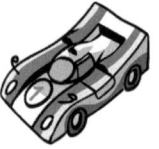

coche de carreras

kaa a wɔde si akan

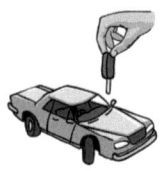

coche de alquiler

hyɛn aa yɛ hain

préstamo de vehículos

kaa a wɔde ma obi de di
dwuma

grúa

kaa a wɔde twe ɛhyɛn a
asɛe

camión de la basura

bɔɔla kaa

motor

moto

gasolina

ngo

gasolinera

beaɛ a wɔtɔn pɛtro

señal de tráfico

trafik ahyɛnsodeɛ

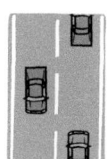

tráfico

trafik

atasco

ɛhyɛn ntumi nkɔ ntɛm

aparcamiento

kaa gyinabea

estación de tren

keteke steshin

vías

ketekye kwan

tren

ketekye

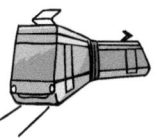

tranvía

ketekye

vagón

afidie a wɔtena mu wɔ wiem
tu kwan

helicóptero
ewiemhyɛn

aeropuerto
dadeɛanoma gyinabea

torre
dan tentene

pasajero
obi a wɔforo hyɛn

contenedor
adaka

caja de cartón
adaka

carretilla
teaseɛnam

cesta
kɛntɛn

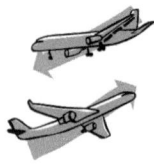

despegar / aterrizar
tu / si fam

## ciudad
## kuropɔn

pueblo
akurase

centro de ciudad
kuropɔn hyiabea

casa
efie

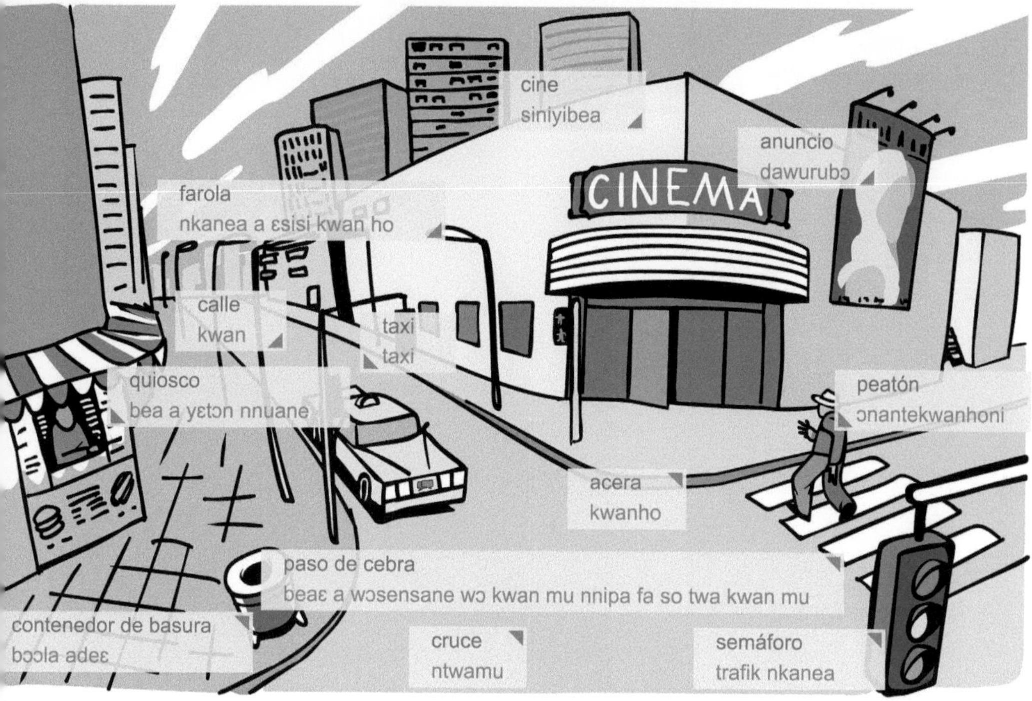

cine
siniyibea

anuncio
dawurubɔ

farola
nkanea a ɛsisi kwan ho

CINEMA

calle
kwan

taxi
taxi

quiosco
bea a yɛtɔn nnuane

peatón
ɔnantekwanhoni

acera
kwanho

paso de cebra
beaɛ a wɔsensane wɔ kwan mu nnipa fa so twa kwan mu

contenedor de basura
bɔɔla adeɛ

cruce
ntwamu

semáforo
trafik nkanea

cabaña

ntaabodan

apartamento

tenabea

estación de tren

keteke steshin

ayuntamiento

kurom nhyiadanmu

museo

mesiɔm

escuela

sukuu

ciudad - kuropɔn

11

universidad

suapon kɛseɛ

banco

sikakorabea

hospital

asopiti

hotel

ahomegyebea

farmacia

beaɛ a wɔtɔn nnuro

oficina

ɔfise

librería

beaɛ a wɔtɔn nwoma

tienda

beaɛ a wɔtɔn adeɛ

floristería

nhwiren kuani

supermercado

dwakɛseɛmu

mercado

dwamu

grandes almacenes

asoeɛ sotɔɔ

pescadería

nnam tɔnfo

centro comercial

adetɔ beae

puerto

suhyɛn gyinabea

parque

agodibea

banco

akonnwa

puente

nsamsoɔ

escaleras

adeɛ wɔee foro aborosan

metro

asaasease

túnel

tɔkuro a w'atu no asaase
mu de ayɛ kwan

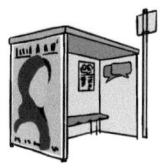

parada de autobús

ɛhyɛn gyinabea

bar

nsanombea

restaurante

adidibea

buzón

krataa adaka

poste indicador

kwan ahyɛnsodeɛ

parquímetro

kaagyinaho meta

zoo

mmoakurabea

piscina

nsuo a wɔdware mu

mezquita

masalakyi

granja
afuo

contaminación
ewiem sɛeɛ

cementerio
nsamanpɔ mu

iglesia
asore

patio de juego
agodibea

templo
hyiadan

## paisaje
## asaase

hoja
ahaban

señal
akyerɛkyerɛkwan

camino
kwan

prado
sare asaase

piedra
boba

árbol
dua

excursionista
pipo so foronii

río
asubontene

hierba
nsensan

flor
nhwiren

valle

εbɔn

colina

bepɔ

lago

sutadeε

bosque

kwaeε

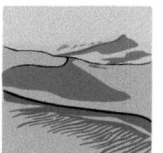

desierto

εserε so

volcán

egya a εfiri bepɔ mu ba

castillo

ahenfie

arcoíris

nyankontɔn

champiñón

mmire

palmera

abεdua

mosquito

ntontom

mosca

wasena

hormiga

ntatea

abeja

wowa

araña

ananse

escarabajo

kukurubibi

rana

apɔnkyerɛnee

ardilla

opuro

erizo

kotoko

liebre

adanko

lechuza

patuo

pájaro

anomaa

cisne

dabodabo

jabalí

kɔkɔte

ciervo

wansane

alce

torɔm

presa

sutadeɛ

turbina eólica

mframa tɛɛbain

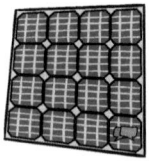

panel solar

adeɛ ɛtwe anyinam ahoden
firi awia mu

clima

ewiem

# restaurante
## adidibea

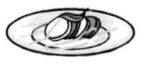

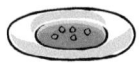

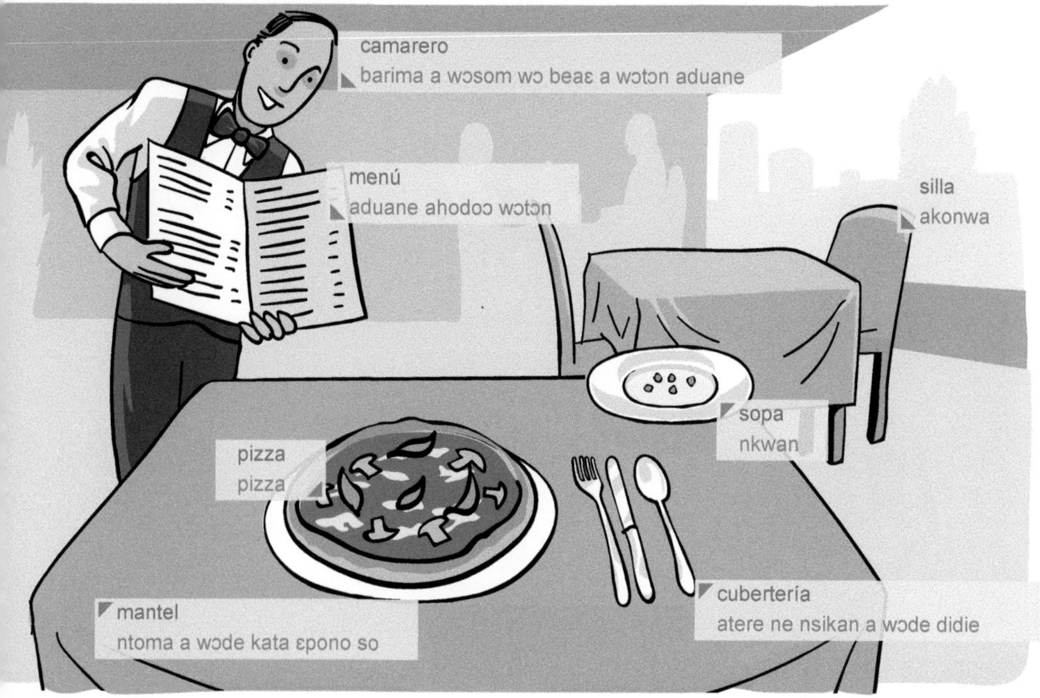
camarero
barima a wɔsom wɔ beaɛ a wɔtɔn aduane
menú
aduane ahodoɔ wɔtɔn
silla
akonwa
sopa
nkwan
pizza
pizza
mantel
ntoma a wɔde kata ɛpono so
cubertería
atere ne nsikan a wɔde didie

primer plato

ahyɛaseɛ

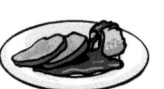

plato principal

aduane titriw

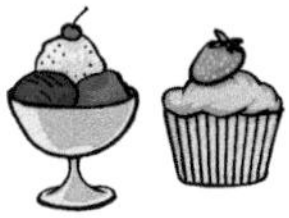

postre

nnɔkɔnnɔkwade

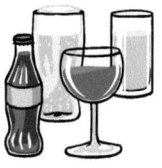

bebidas

nsa

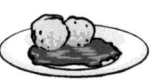

comida

aduane

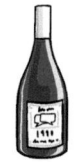

botella

toa

comida rápida

aduane wɔyɛ no ɔhare so

comida callejera

aduana a ɛyɛ kwan ho

tetera

tea kukuo

azucarero

asikyire kyɛnsen

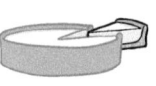

porción

fa

cafetera expreso

espresso afidie

trona

akonwa tenten

cuenta

ka krataa

bandeja

apanpan

cuchillo

sikanmoa

tenedor

adinam

cuchara

atere

cucharilla

tea atere

servilleta

ntoma a wɔde sɛ pono so

vaso

ahwehwɛ

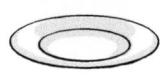

plato

plɛɛte

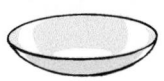

plato hondo

nkwan plɛɛte

platillo

plɛte ketewa

salsa

frɔyɛ

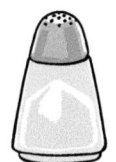

salero

nkyene kukuo

molinillo de pimienta

adeɛ a wɔde twi mako

vinagre

vinegar

aceite

anwa

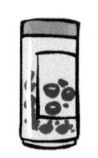

especias

atosodeɛ

ketchup

ketchup

mostaza

sinapi aba

mayonesa

mayonis

# supermercado
# dwakɛseɛmu

oferta especial
akwanya soronko
FOR
cliente
obi a wɔtɔ wadeɛ
lácteos
milikyi nnuane
fruta
nnuaba
ɛtɔ adeɛ pia berɛ a wɔretɔ adeɛ

BUTCHERS

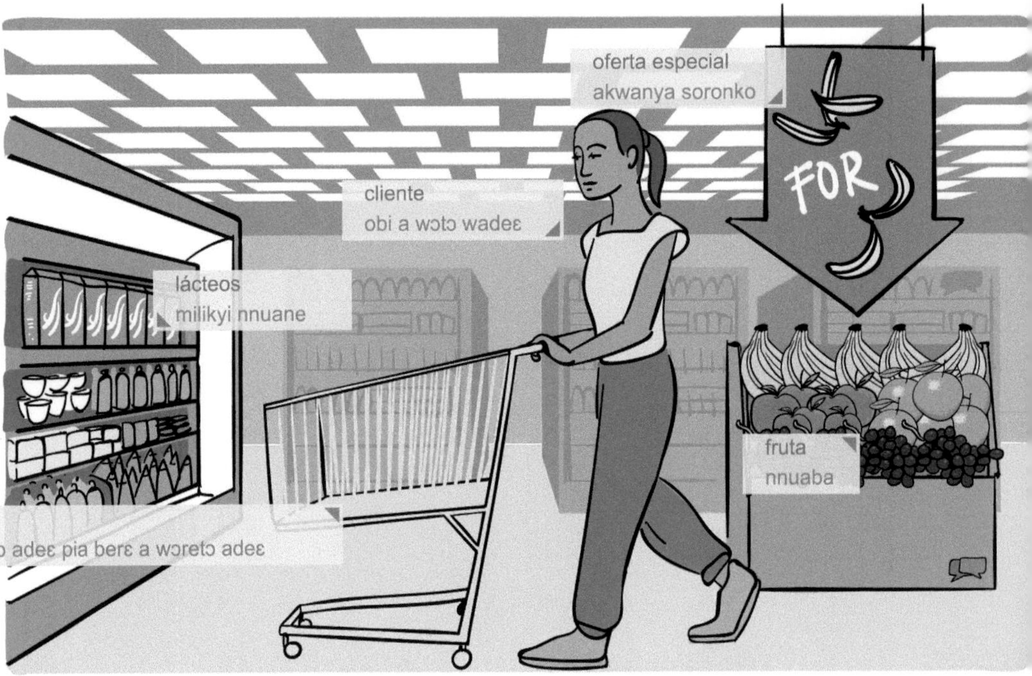

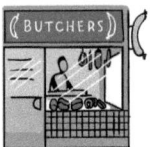

carnicería

nnamtwafo

BAKERY

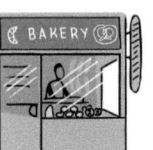

panadería

brodotofo

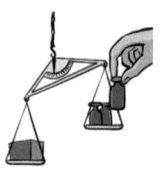

pesar

susu

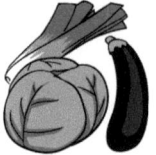

verduras

atosodeɛ

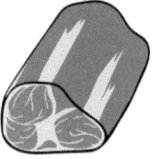

carne

nnam

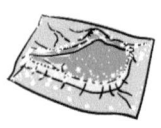

alimentos congelados

aduane a wɔde ahyɛ sukɔtwea adaka mu

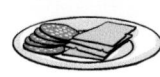

fiambres

nnam a yɛy nwunu

conservas

nnuane a ɛwɔ konku mu

detergente en polvo

aduro a wɔde si nnooma

dulces

adɔkɔkɔdɔkɔdeɛ

productos de uso doméstico

efie nnooma

productos de limpieza

nnuro a wɔde hohoro
nnooma ho

vendedora

adetɔni

caja

adeɛ a wɔgye sika de gu mu

cajero

obi a wɔhwɛ sika so

lista de la compra

nnooma a wobɛtɔ

horario de atención al
público

mmerɛ a ɔmo de bue

cartera

kotokuo

tarjeta de crédito

krɛdit kaade

bolsa

botɔ

bolsa de plástico

rɔba botɔ

agua

nsuo

zumo

aduaba mu nsuo

leche

milikyi

cola

coke

vino

nsa

cerveza

beer

alcohol

nsaden

cacao

kookoo

té

tea

café

kɔfe

expreso

espresso

capuchino

cappuccino

plátano

kwadu

manzana

aprɛ

naranja

akutuo

melón

mɛlɔn

limón

akutuo

zanahoria

karɔt

ajo

galeke

bambú

mpampuro

cebolla

gyeene

champiñón

mmire

avellanas

nkateɛ

fideos

talia

espagueti

talia

arroz

ɛmo

ensalada

salad

patatas fritas

kyips

patatas fritas

aborodwomaa w'akye

pizza

pizza

hamburguesa

hamburger

sándwich

sandwich

filete

ntwetwade

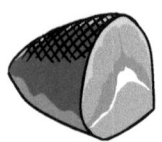

jamón

prɛko nam

salami

salami

salchicha

sɔsegye

pollo

akokɔnam

asado

toto

pescado

nsuomunam

copos de avena

oats koko

muesli

muesli

copos de maíz

cornflakes

harina

esam

cruasán

croissant

panecillo

brodo a yabobɔ

pan

brodo

tostada

ho

galletas

biskit

mantequilla

bɔta

cuajada

koko

pastel

ɔfam

huevo

kosua

huevo frito

kosua a yakye

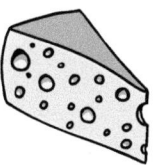

queso

kyeese

comida - aduane

25

helado

ise krim

azúcar

asikyire

miel

ɛwoɔ

mermelada

ɛam

crema de turrón

kyɔkolate a wɔde yɛ aduane mu

curry

kɔri

# granja
## afuo

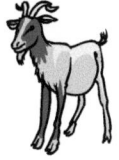

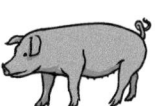

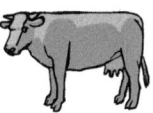

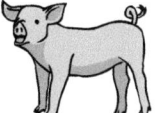

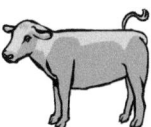

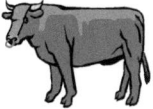

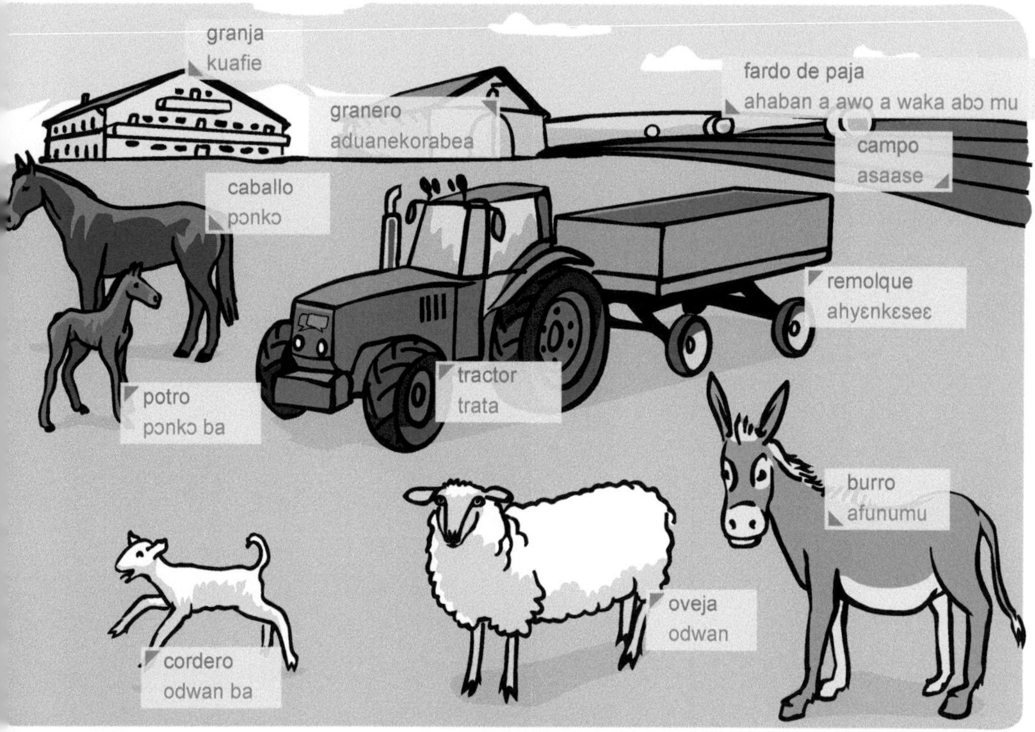

granja
kuafie
granero
aduanekorabea
fardo de paja
ahaban a awo a waka abɔ mu
campo
asaase
caballo
pɔnkɔ
remolque
ahyɛnkɛseɛ
tractor
trata
potro
pɔnkɔ ba
burro
afunumu
oveja
odwan
cordero
odwan ba


cabra

apɔnkye

vaca

nantwie

ternero

nantwie ba

cerdo

prɛko

cerdito

prɛko ba

toro

nantwinini

ganso

dabodabo

pato

dabodabo

pollo

akokɔba

gallina

akokɔbedeɛ

gallo

akokɔnini

rata

akura

gato

agyinamoa

ratón

akura

buey

nantwi

perro

ɔkraman

perrera

kramanfie

manguera

drobɛn a wɔde nsuo fa mu
gugu nnooma so

regadera

toa wɔde nsuo gu mu de
gugu nnooma so

guadaña

kantankrankyi

arado

afidie a wɔde funtum
asaase ani

hoz

sɔsɔcʊ

azada

asɔ

horca

fɔɔki kɛseɛ

hacha

akuma

carretilla

hweebaro

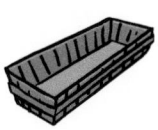

abrevadero

adea mmoa didi mu

lechera

milikyi konku

saco

kotoku

valla

ɛban

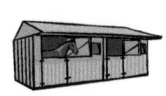

establo

mmoa dan

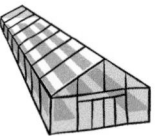

invernadero

nnuaba dan mu

suelo

anwea

semilla

aba

fertilizador

nnuro a wɔde gu mfudeɛ ho

cosechadora

nnuanetwa kaa kɛse

cosechar

twa

cosecha

mfudeɛ

ñame

bayerɛ

trigo

ayuo

soja

soya

patata

aborɔdwomaa

maíz

aburo

semilla de colza

rapedua aba

árbol frutal

aduaba dua

mandioca

bankye

cereales

aburo aduane

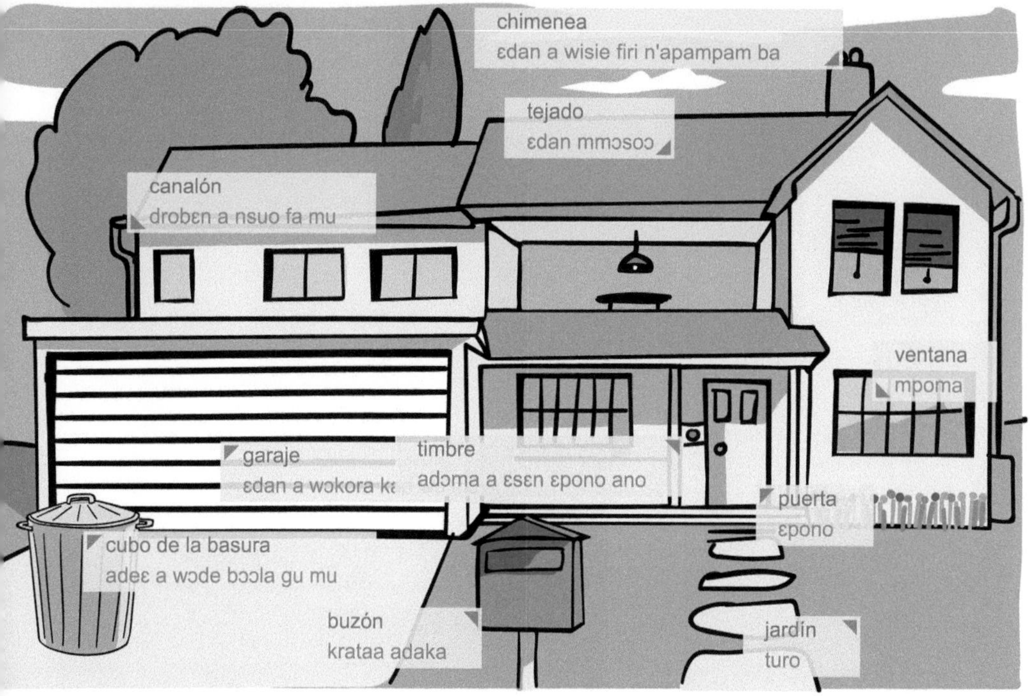

chimenea
ɛdan a wisie firi n'apampam ba

tejado
ɛdan mmɔsoɔ

canalón
drobɛn a nsuo fa mu

ventana
mpoma

garaje
ɛdan a wɔkora kɛ

timbre
adɔma a ɛsɛn ɛpono ano

puerta
ɛpono

cubo de la basura
adeɛ a wɔde bɔɔla gu mu

buzón
krataa adaka

jardín
turo

sala

ɛdan a wɔtena mu

cuarto de baño

adwareɛ

cocina

gyaade

dormitorio

piam

habitación de los niños

abɔfra dan mu

comedor

ɛdan a wɔdidi wɔ mu

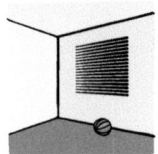

suelo

fam

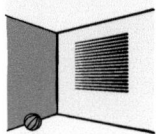

pared

ɛban

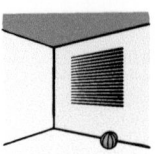

techo

siilin

sótano

ɛdan a ɛhyɛ fam

sauna

beaɛ a wɔkɔto hyew

balcón

pɔɔkye

terraza

asaase a wafuntum na
wɔde dua nnɔbaeɛ

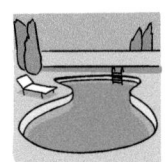

piscina

nsuo a wɔdware mu

cortacésped

afidie a wɔde dɔ

sábana

krataa

colcha

nnasoɔ

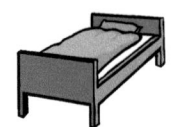

cama

mpa

escoba

praeɛ

balde

bɔkiti

interruptor

deɛ wɔde sɔ kanea

# sala

## ɛdan a wɔtena mu

papel pintado
mfonin a wɔde fam dan ho
imagen
mfoni
lámpara
kanea
estante
beaɛ wɔkora nwoma
armario
kɔbɔd
televisión
tɛlɛfishin
chimenea
beaɛ egya wɔ
flor
nhwiren
cojín
kushin
sofá
akonwa
jarrón
nhwiren toa
mando a distancia
remotu

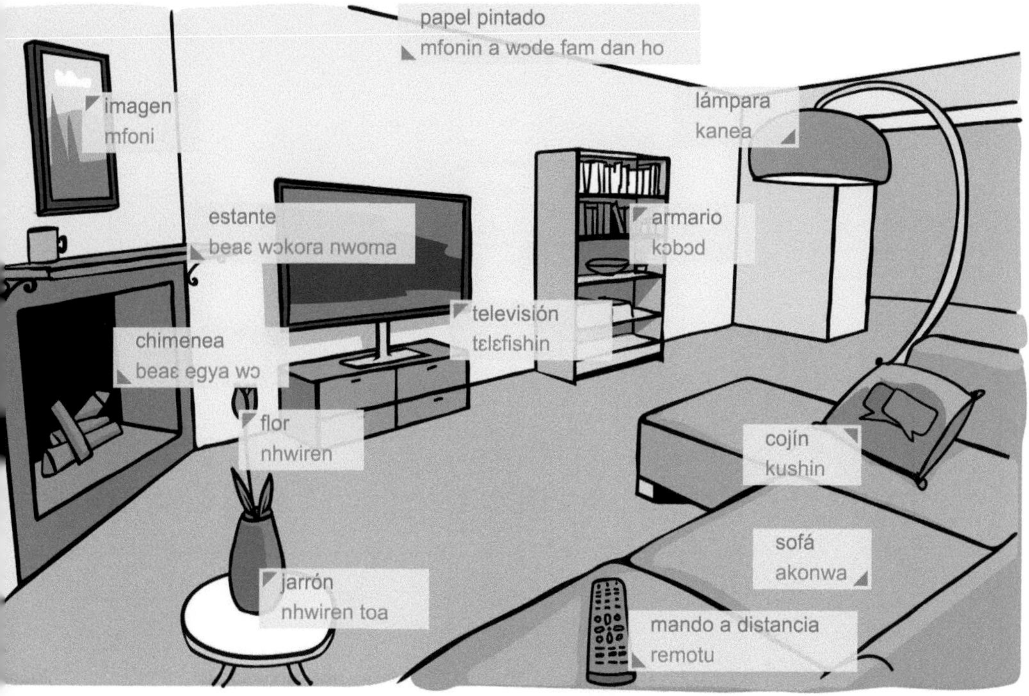

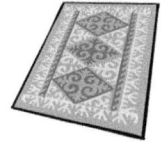

alfombra

kapɛt

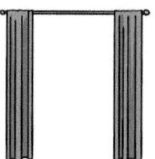

cortina

kɛtin

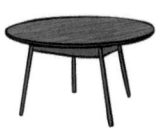

mesa

pono

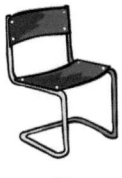

silla

akonwa

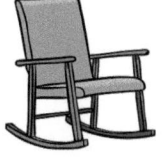

mecedora

akonwa aa ɛkɔ anim ne akyi

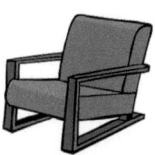

butaca

nsaakonwa

libro

nwoma

manta

kuntu

decoración

beaɛ asiesie

leña

egya

película

mfoni

equipo de música

hi-fi afidie

llave

safoa

periódico

dawurubɔ krataa

pintura

akaado

póster

mfoni

radio

akasanoma

cuaderno

nwoma a wɔtwerɛ nsɛmpɔ
gu mu

aspiradora

afidie a wɔde pra mfuturo

cactus

cactus

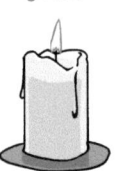

vela

kandele

# cocina
# gyaade

refrigerador
asukɔtwea adaka
microondas
maikrowaef
balanza de cocina
adeɛ wɔde susu adeɛ bi mu duru a ɛyɛ
tostadora
adeɛ wɔde to paano
detergente
samina
horno
adeɛ wɔde to paano
congelador
asukɔtwea adaka a ano yɛ den
cubo de la basura
adeɛ a wɔde bɔɔla gu mu
lavavajillas
adeɛ a wɔde hohoro nkyɛnsen mu

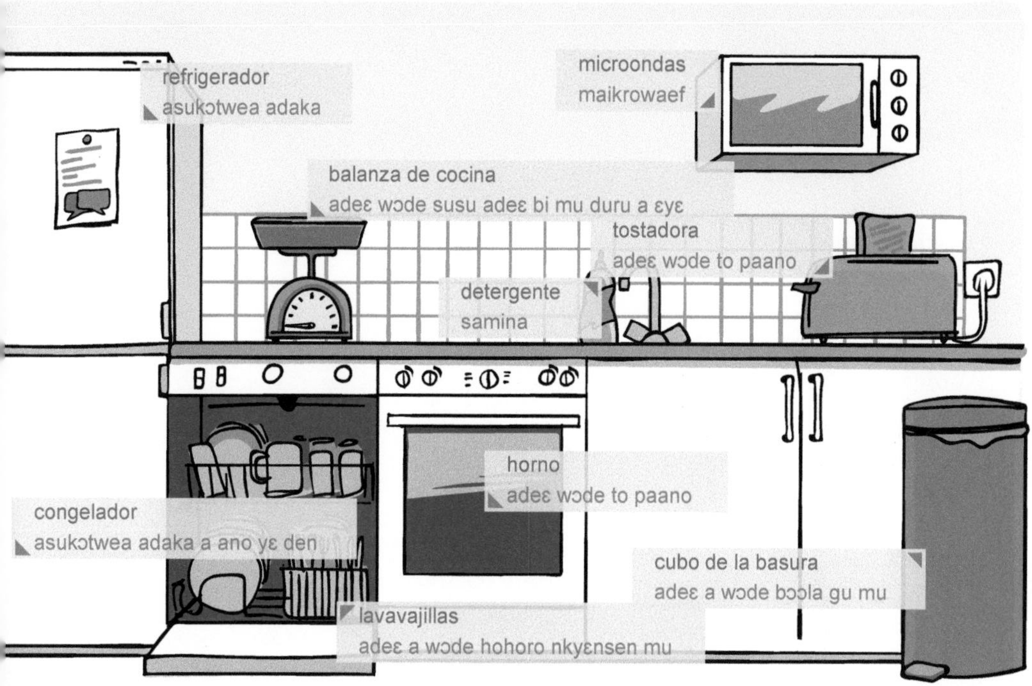

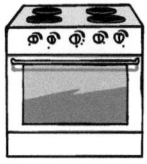

olla a presión

adeɛ a wɔde noa aduane

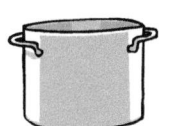

olla

kukuo

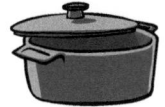

olla de hierro fundido

dadesɛn

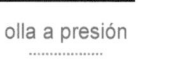

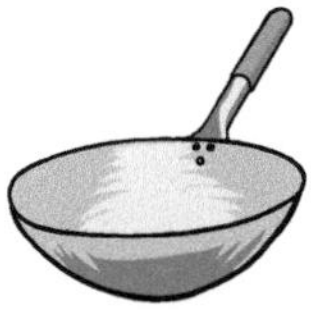

wok / karahi

wok / kadai

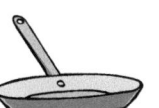

cazuela

pan

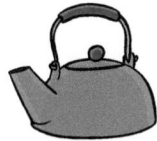

hervidor

adeɛ wɔde noa nsuo

vaporera

nea yɛde ka aduane hye

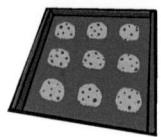

chapa de horno

adeɛ wɔto so paano

vajilla

nkyɛnsen a wɔdidi mu

taza

kuruwa

tazón

kyɛnsen

palillos

nnua a wɔde didie

cucharón

kwantere

espumadera

atere

batidor

adeɛ wɔde nu adeɛ mu

colador

sɔneɛ

cedazo

sɔneɛ

rallador

adeɛ a wɔde twi adeɛ

mortero

waduro

barbacoa

adeɛ a wɔde toto nam

hoguera

egya a biribiara mmɔ ho ban

tabla de picar
adeɛ a wɔtwitwa so nnɔɔma

rodillo
adea wɔde twi nnɔɔma

sacacorchos
adeɛ a wɔde tu toa ano

lata
konku

abrelatas
adeɛ wɔde bie konku so

agarrador
nea yɛde sɔ kukuo mu

lavabo
adeɛ a wɔhohoro nkyɛnse
wɔ mu

cepillo
adeɛ a wɔde twitwi

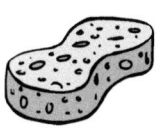

esponja
sapɔ

batidora
afidie wɔde yam nnuane

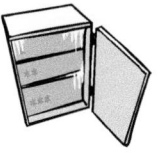

congelador
asukɔtwea adaka a ano yɛ
den

biberón
abɔfra toa

grifo
nsuo

# cuarto de baño

## adwareɛ

calefacción
reka no hye
toalla
taworo
ducha
adwareɛ
cortina de la ducha
adwareɛ twamutam
baño de espuma
redware wɔ ahuro mu
bañera
adeɛ wɔda mu de dware
vaso
ahwehwɛ
lavadora
afidie a wɔde si nnoɔma
baldosas
tiles
grifo
nsuo
orinal
kuruwaba
lavabo
adeɛ a wɔhohoro nkyɛnse wɔ mu


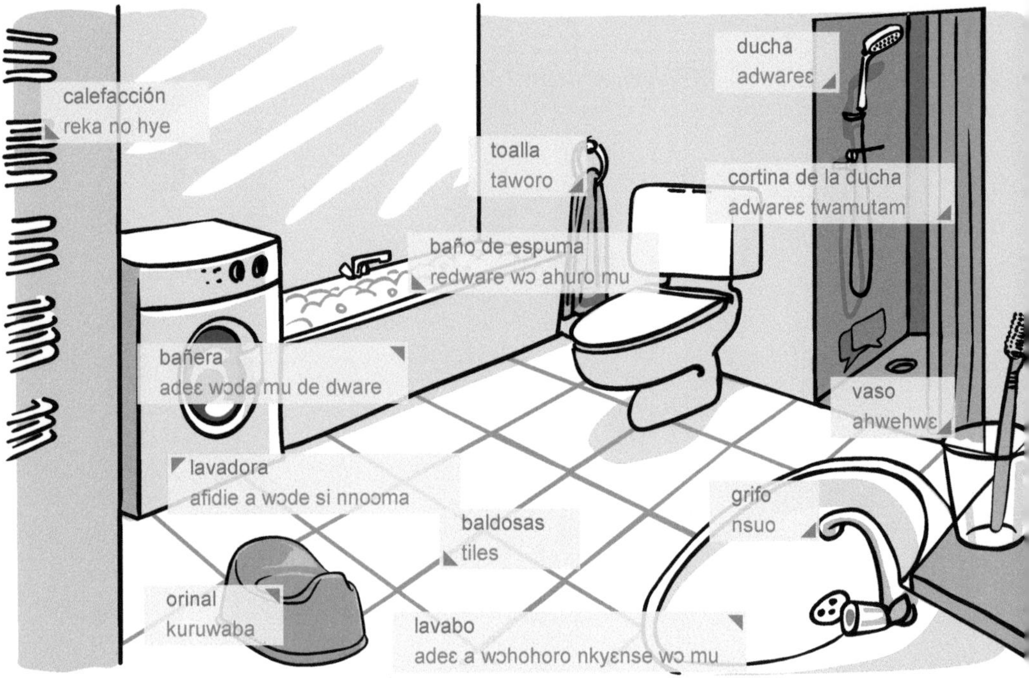

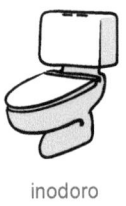

inodoro

agyananbea

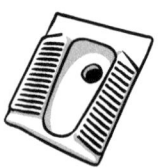

inodoro rústico

agyananbea a wɔkotoso

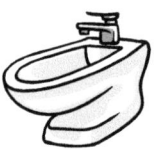

bidé

bidet

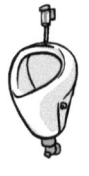

urinario

dwonsɔbea

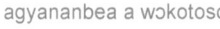

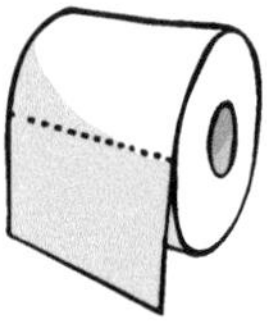

papel higiénico

tiafi krataa

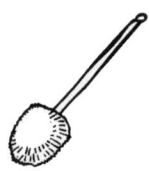

escobilla del váter

adeɛ a wɔde twitwi agyanbea

cepillo de dientes

adeɛ wɔde twitwiri ɛse

pasta de dientes

aduro wɔde twitwiri ɛse

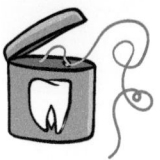

hilo dental

adeɛ wɔde yiyi ɛse ntam

lavar

si

ducha de mano

adeɛ wɔsɔ mu de dware

ducha íntima

adeɛ nsuo fa mu na wɔde
hohoro mmaa ase

pila

adeɛ wɔsi nnooma wɔ mu

cepillo de espalda

adeɛ wɔde twitwi yakyi

jabón

samina

gel de ducha

adwareɛ samina

champú

deɛ wɔde hohoro tirinwii mu

toallita

ntoma wɔde asaawa na ayɛ

desagüe

nsuokwan

crema

nkuu

desodorante

aduro a wɔde fa mmɔtoamu

espejo
.................
ahwehwε

espejo de tocador
.................
ahwehwε kumaa

maquinilla de afeitar
.................
yiwan

espuma de afeitar
.................
aduro a wɔde yi

loción postafeitado
.................
aduro a wɔde sera beaε
wayi

peine
.................
afe

cepillo
.................
brɔsh

secador
.................
afidie a wɔde ka nwii ma no
wo

laca
.................
adeε wɔde aduro gu mu de
gu nwii so

maquillaje
.................
adeε wɔde yεn wɔn anim

pintalabios
.................
adeε wɔde keka ano

pintauñas
.................
aduro a wɔde ka mmɔwerε
so

algodón
.................
asaawa

cortauñas
.................
apasɔɔ a wɔde twitwa
mmɔwerε

perfume
.................
aduham

**estuche de viaje**

baage a wɔde nnooma gu
mu wɔ adwareɛ

**banqueta**

akonwa

**balanza**

afidie a wɔde susu adeɛ bi
mu duro

**albornoz**

ataadeɛ wɔhyɛ berɛ a
wɔrekɔdware

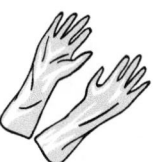

**guantes de goma**

adeɛ wɔde hyɛ wɔn nsa a
wɔde rɔba na ayɛ

**tampón**

adeɛ wɔde twe nsuo firi
pirakuro mu

**compresa**

ǁeɛ mmaa de siesie wɔn ho
berɛ wɔn abu wɔn nsa

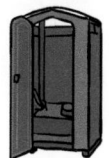

**inodoro químico**

agyananbea a wɔde nnuro
kora

# habitación de los niños

## abɔfra dan mu

despertador
berɛkyerɛfoɔ a ɛtumi yɛ dede
peluche
agodiaba a wɔde to wɔn nkyɛn da
coche de juguete
kaa agodiaba
sonajero
akasaa
casa de muñecas
beaɛ a wɔtɔn agodiaba pii
regalo
akyedeɛ

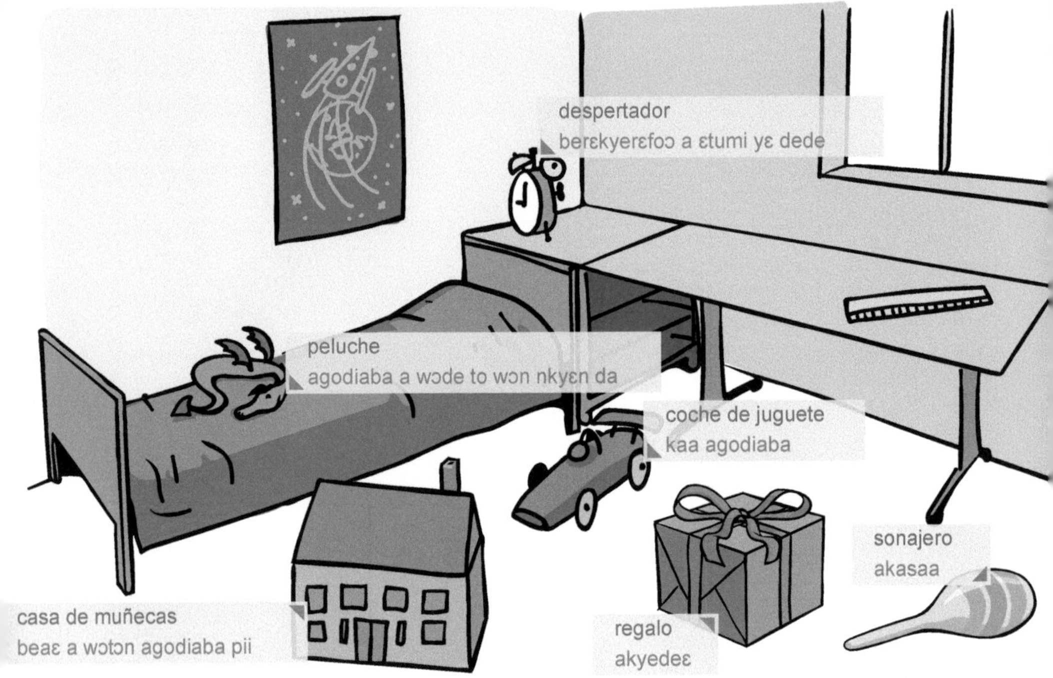

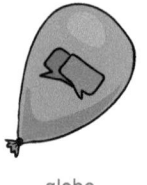

globo

baluu

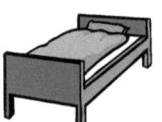

cama

mpa

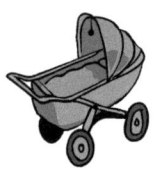

coche de niño

adeɛ a wɔde mmɔfra to mu pia wɔn

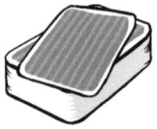

naipes

nkrataa a ɛhyɛ adaka mu

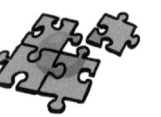

puzle

mfonin asiniasini a wɔkeka si ani hyehyɛ

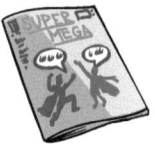

tebeo

mmɔfra aseresɛm nwoma

piezas de lego

lego bricks

bloques de juguete

blɔks a wɔde si dan

figura de acción

mmɔfra agodiaba

bodi (de bebé)

mmɔfra ataade a wɔayɛ abɔ mu

frisbee

frisbee

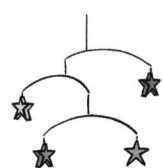

colgador móvil para bebés

agodiaba a wɔde sensɛne mmɔfra mpa so

juego de mesa

agorɔ a ɛwɔ pono so

dados

ludu aba

circuito de tren eléctrico

ketekye ketewa

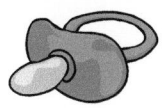

maniquí

adeɛ a wɔde hyɛ mmɔfra anumu

fiesta

apontoɔ

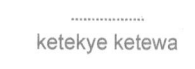

álbum de fotos

krataa mfonin wɔ mu

pelota

bɔɔlo

muñeca

agodiaba

jugar

di agorɔ

cajón de arena

adeɛ wɔde anwea agu mu a mmɔfra di mu agorɔ

columpio

adonko

juguetes

agodiaba

videoconsola

afidie abɛɛfo agodie wɔ so a wɔbɔ

triciclo

dadepɔnkɔ a ne nan yɛ mmiensa

oso de peluche

sisire agodiaba

guardarropa

wɔdrop

## ropa

## ataadeɛ

calcetines

adeɛ a wɔhyɛ ansa na wahyɛ mpaboa

medias

ataade tenten a wɔhyɛ wɔ wɔn nan ho

leotardos

ataadeɛ a ɛkyekyere deɛ wahyɛ no

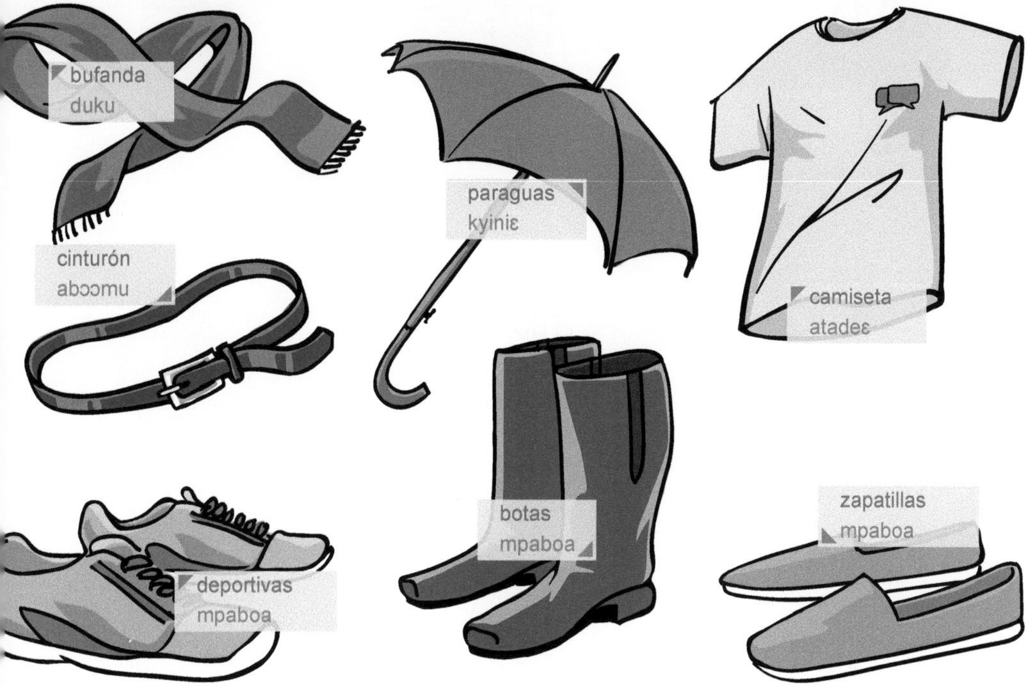

bufanda
duku

paraguas
kyiniɛ

camiseta
atadeɛ

cinturón
abɔɔmu

botas
mpaboa

zapatillas
mpaboa

deportivas
mpaboa

sandalias
.................
mpaboa

zapatos
.................
mpaboa

botas de goma
.................
rɔba mpaboa

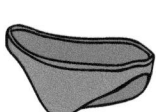

slip
.................
drɔs

sostén
.................
adeɛ mmaa hyɛ de kora
wɔn nufu

chaleco
.................
fɛst

bodi

nipadua

pantalones

trɔsa

vaqueros

gyins

falda

skɛɛte

blusa

mmaa ataade soro

camisa

ataadesoro

jersey

swata

suéter

ataadeɛ a ɛkyɛ wɔ mu

blazer

kootu

chaqueta

ataade ngusoɔ

abrigo

kootu

gabardina

ataadeɛ wɔhyɛ berɛ nsuo
retɔ

traje

ataadehyɛ

vestido

ataadeɛ

vestido de novia

ayifrɔ atadeɛ

traje

ataade nkatasɔɔ

camisón

ataadeɛ a yɛhyɛ de da

pijama

pigyamas

sari

sari

bandana

duku

turbante

duku

burka

ataadeɛ Nkramofoɔ mmaa
hyɛ na ɛkata wɔn tiri so de
kɔsi wɔn naɲ ase

caftán

kaftan

abaya

abaya

traje de baño

ataadeɛ a wɔhyɛ de dware
nsuo mu

bañador

nika

pantalones cortos

nika

chándal

traksuit

delantal

ntoma a wɔde kata wɔn
kɔnmu berɛ wɔreyɛ aduane

guantes

adeɛ wɔde hyɛ wɔn nsa

botón

batin

gafas

ahwehwɛniwa

brazalete

adeɛ wɔde to wɔn nsa

collar

kɔnmuade

anillo

kawa

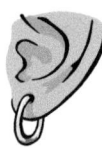

pendiente

asomadeɛ

gorra

ɛkyɛ

percha

adeɛ a wɔde kootu hyɛ so

sombrero

ɛkyɛ

corbata

abɔɔmenemu

cremallera

zip

casco

ɛkyɛ a wɔhyɛ de twi
motosakre

tirantes

bresis

uniforme escolar

sukuu ataadeɛ

uniforme

ataadeɛ

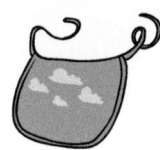

babero

adeɛ a wɔde gu abɔfra kɔn mu berɛ a wɔredidi

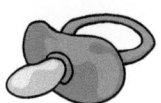

maniquí

adeɛ a wɔde hyɛ mmɔfra anumu

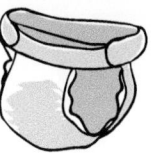

pañal

moase tam

# oficina

## ɔfise

servidor
sɛva
archivo
adaka a yɛde nkrataa hyɛhyɛ mu
impresora
printa
papel
krataa
monitor
mɔnita
escritorio
pono
ratón
mouse
carpeta
nwoma a wɔde nkrataa hyehyɛ mu
teclado
keebɔdo
silla
akonwa
na ayɛ a wɔde nwura gu mu
ordenador
kɔmputa

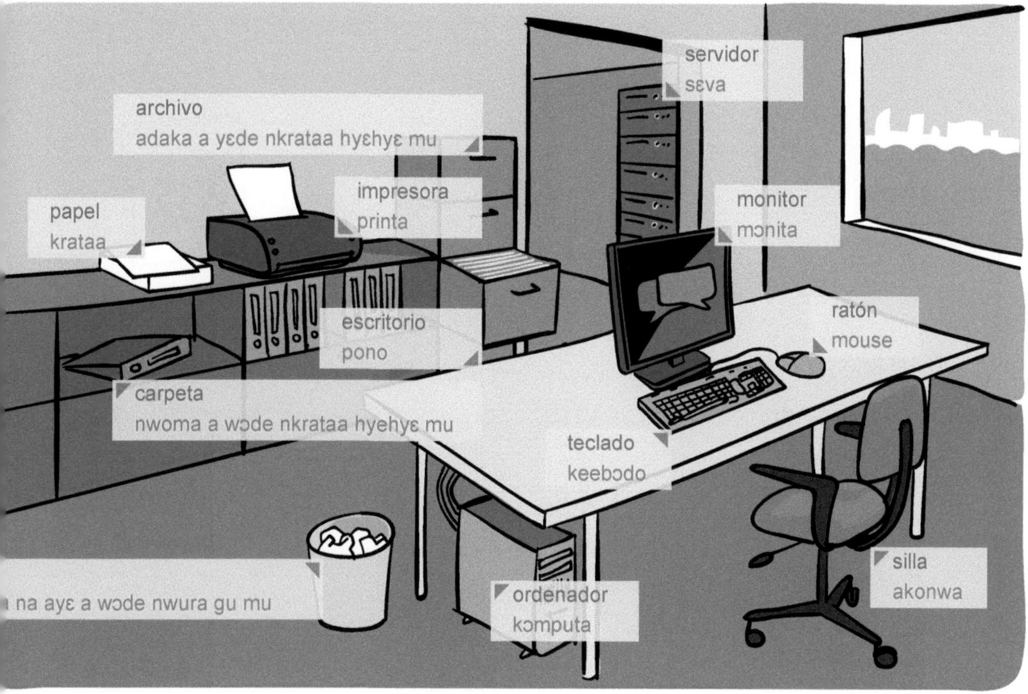

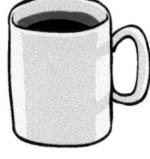

taza de café

kɔfe kuruwa

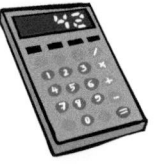

calculadora

afidie a wɔde bu nkonta

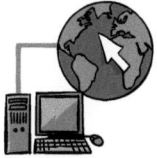

internet

intanɛt

portátil

laptɔp

carta

krataa

mensaje

nkratɔɔ

móvil

mobile

red

nɛtwɛk

fotocopiadora

fotokɔpia

software

sɔftwɛɛ

teléfono

tetefon

toma de corriente

plɔg sɔkɛti

fax

fax afidie

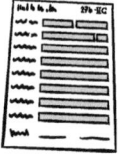

formulario

krataa

documento

krataa

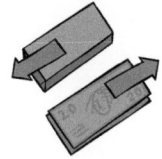

comprar

tɔ

pagar

tua

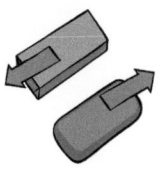

comerciar

tɔn

dinero

sika

dólar

dollar

euro

euro

yen

yen

rublo

rouble

franco suizo

Swiss franc

renminbi yuan

renminbi yuan

rupia

rupee

cajero automático

sikabea

oficina de cambio de divisas

baabi aa yɛsesa

oro

sikakɔkɔɔ

plata

dwetɛ

petróleo

ngo

energía

ahoɔden

precio

ne boɔ

contrato

nteaseɛ a ɛwɔ krataa so

impuesto

ɛtoɔ

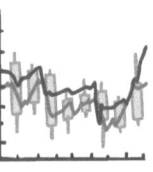

acción

stock

trabajar

yɛ adwuma

empleado

odwumayɛni

empleador

obi a wafa obi adwumamu

fábrica

afidihyehyɛbea

tienda

beaɛ a wɔtɔn adeɛ

# oficios
# nnwuma ahodoɔ

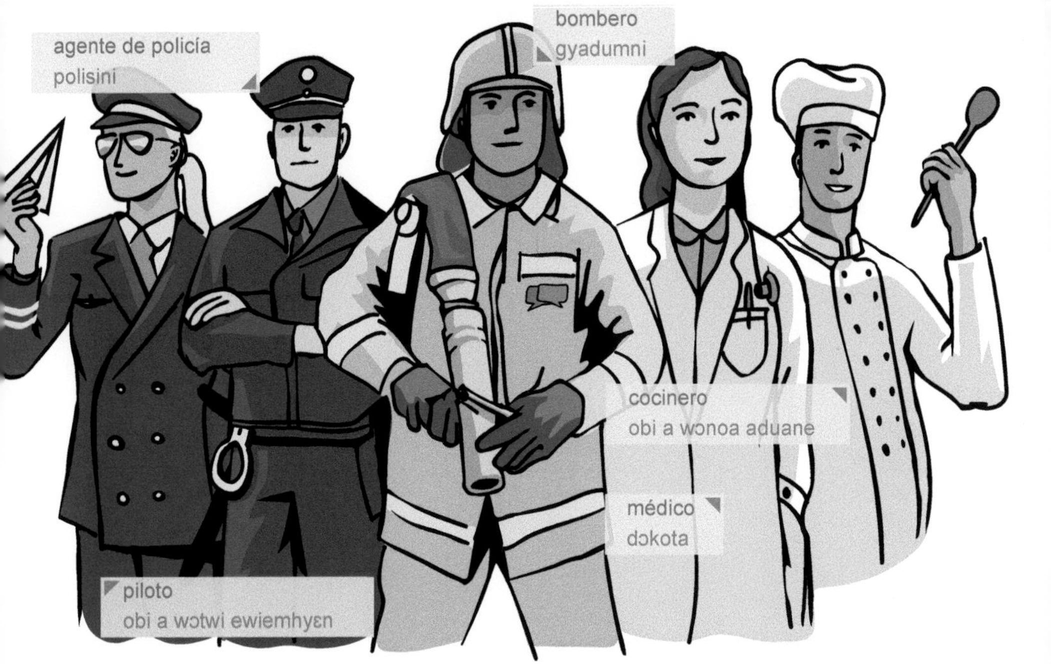
agente de policía
polisini
bombero
gyadumni
cocinero
obi a wɔnoa aduane
médico
dɔkota
piloto
obi a wɔtwi ewiemhyɛn

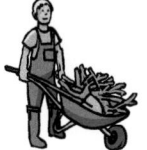

jardinero

kuani

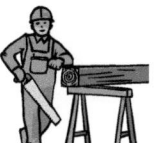

carpintero

nnuaseni

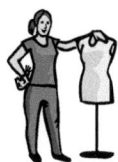

costurera

ɔbaa a wɔpam adeɛ

juez

otɛnmuani

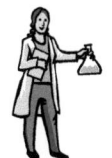

farmacéutico

dufrani

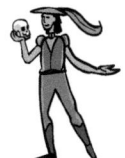

actor

siniyifoɔ

conductor de autobús

hyɛnkani

taxista

taxi drɔba

pescador

ɔfarifo

señora de la limpieza

ɔbaa wɔpopa beaɛ

techador

obi a wɔbɔ dan so

camarero

barima a wɔsom wɔ beaɛ a
wɔtɔn aduane

cazador

ɔbɔmɔfo

pintor

obi wɔde akaado keka ɛden
ne nnɔɔma aka ho

panadero

brodotofo

electricista

obi a wɔyɛ nkaneɛ ho
adwuma

obrero

dansifo

ingeniero

obi a wɔyɛ mfidie akɛseɛ ho
adwuma

carnicero

namtɔnfo

fontanero

obi a wɔhyehyɛ drɔbɛn a
nsuo fa mu

cartero

obi a wɔde nkrataa a
amanfoɔ atwerɛ soma no

soldado

ɔsrani

arquitecto

obi a wɔyɛ adansie ho adwuma

cajero

obi a wɔhwɛ sika so

florista

obi a wɔtɔn nhwiren

peluquero

obi a wɔyɛ tire

revisor

deɛ wɔgyegye sika wɔ ɛhyɛn mu

mecánico

obi a wɔsiesie ɛhyɛn

capitán

panin

dentista

dɔkota a wɔhwɛ se

científico

abodeɛmu nyasapɛni

rabino

ɔkyerɛkyerɛni

imán

imam

monje

monk

sacerdote

sofo

# herramientas
# akadeɛ

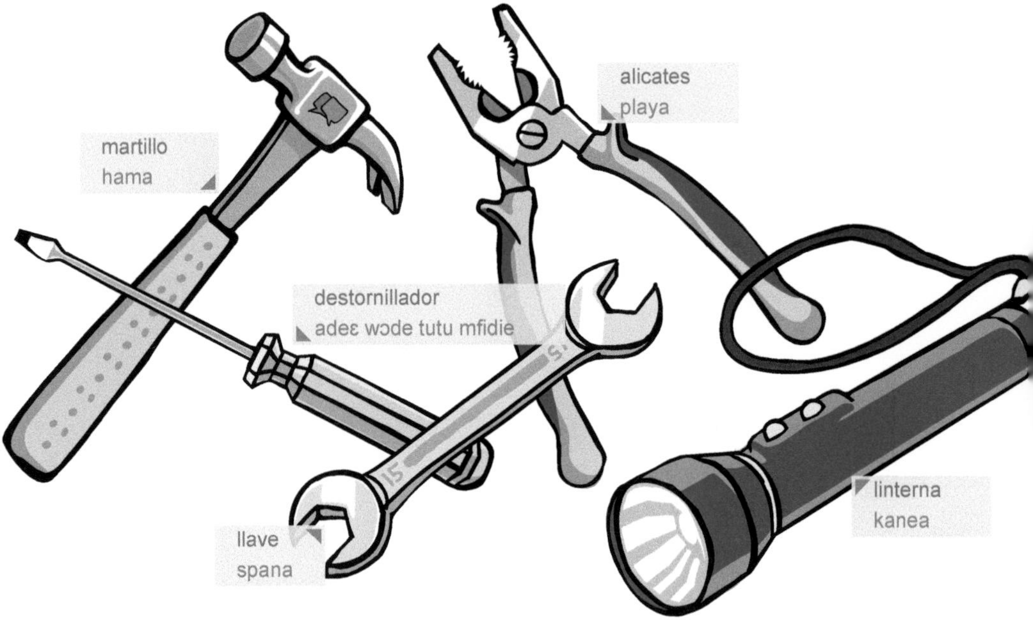

martillo
hama
alicates
playa
destornillador
adeɛ wɔde tutu mfidie
llave
spana
linterna
kanea


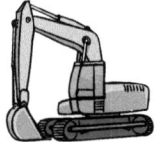

excavadora
afidie a wɔde tu fam

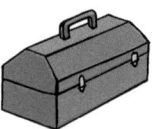

caja de herramientas
adaka a wɔde nnoɔma a wɔde yɛ adwuma gu mu

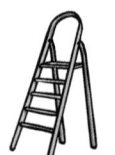

escalera de mano
atwedeɛ

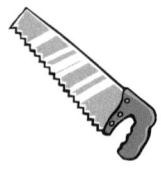

sierra
sradaa

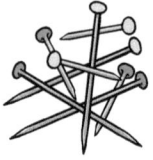

clavos
nnadowa

taladro
afidie a wɔde mmia nnoɔma mu

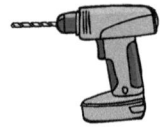

reparar
siesie

pala
sɔfi

¡Maldita sea!
Yieee!

recogedor
asesa nwura

bote de pintura
akaado kora

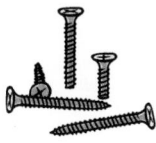

tornillos
dadeɛ wɔde bobɔ nnɔɔma mu

## instrumentos musicales
## mfidie a wɔde bɔ nnwom

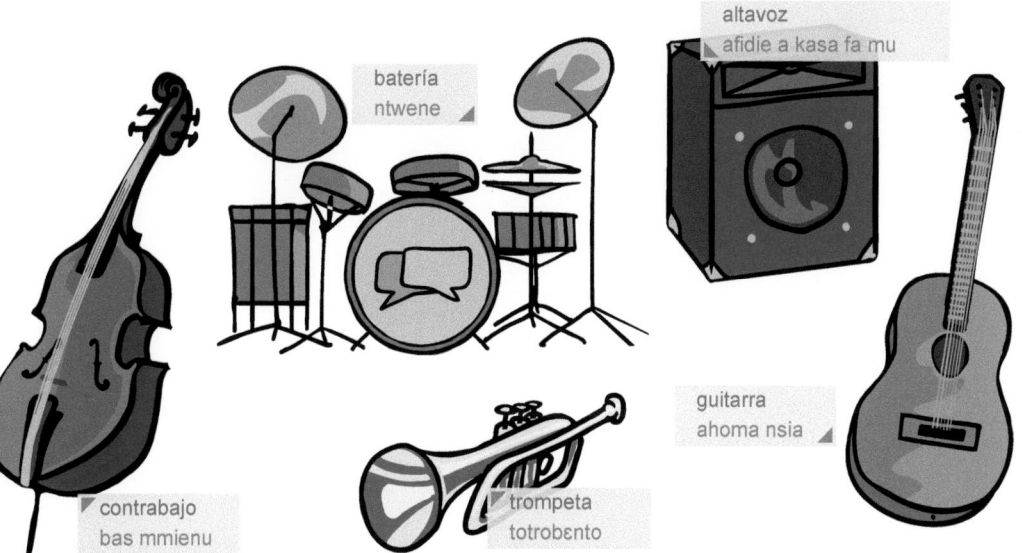

batería
ntwene

altavoz
afidie a kasa fa mu

contrabajo
bas mmienu

trompeta
totrobɛnto

guitarra
ahoma nsia

piano

sankuo

violín

sankuo

bajo

ahoma nsia

timbales

timpani

tambor

ntwene

teclado

sankuo

saxofón

sasofon

flauta

trobɛnto

micrófono

akasanoma

# zoo

# mmoakurabea

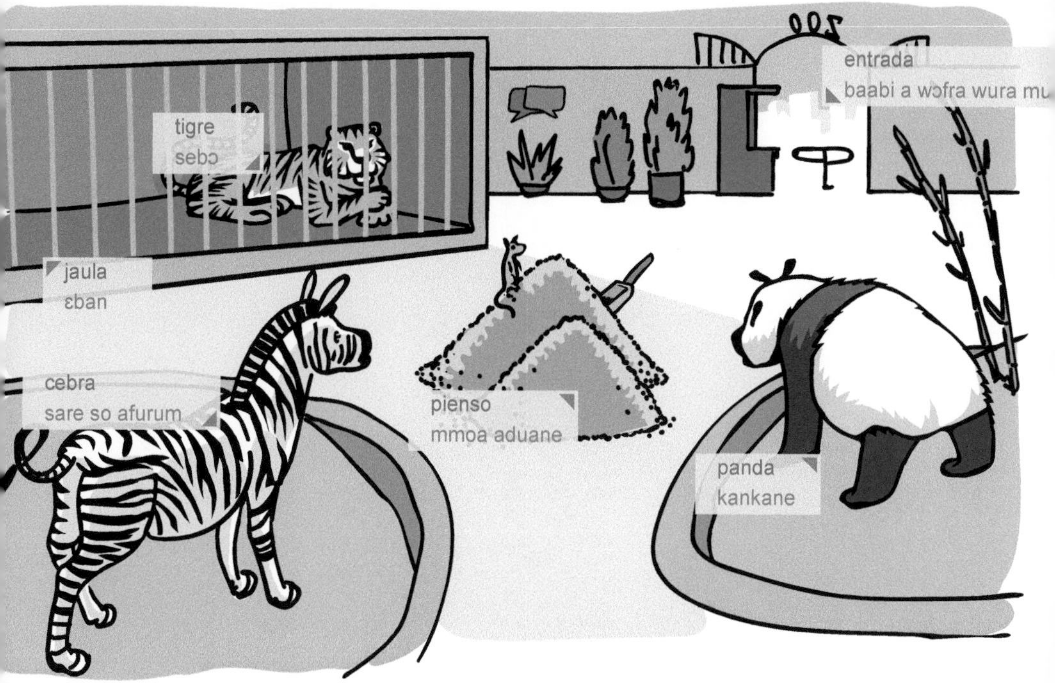

entrada
baabi a wɔfra wura mu
tigre
sebɔ
jaula
ɛban
cebra
sare so afurum
pienso
mmoa aduane
panda
kankane


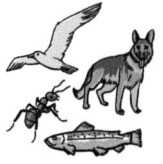

animales

mmoa

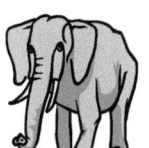

elefante

ɔsono

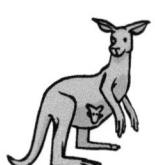

canguro

kangaroo

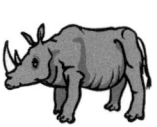

rinoceronte

bɛnkorɔ

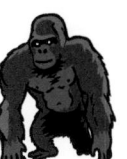

gorila

akaatia

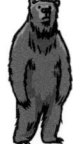

oso

sisire

camello

yoma

avestruz

sohori

león

gyata

mono

kontromfi

flamingo

asukɔnkɔn

loro

ako

oso polar

sisire

pingüino

penguin

tiburón

oboodede

pavo real

kohaa

serpiente

ɔwɔ

cocodrilo

dɛnkyɛm

guardián de zoológico

mmoasohwɛfo

foca

sukraman

jaguar

sebɔ

poni

pɔnkɔ ketewa

leopardo

etwie

hipopótamo

susono

jirafa

kontenten

águila

ɔkɔdeɛ

jabalí

kɔkɔte

pescado

nsuomunam

tortuga

sudanda

morsa

sukraman

zorro

sakraman

gacela

adowa

fútbol americano
Amerika bɔɔlo

ciclismo
dadeponkɔ twie akansie

tenis
tɛnɛs

baloncesto
baskɛtbɔɔlo

natación
nsuo dwareɛ

boxeo
akutrukubɔ

hockey sobre hielo
hɔki a wobɔ no wɔ asukɔ

fútbol
bɔɔlo

bádminton
badminton

atletismo
mmirikatuo

balonmano
nsa bɔɔlo

esquí
asukɔtwea so agorɔ

polo
polo

# actividades
## dwumadie ahodoɔ

reír
sre
saltar
huri
abrazar
fam
caminar
nante
cantar
to nwom
soñar
so daeɛ
rezar
bɔ mpaeɛ
besar
fe ano


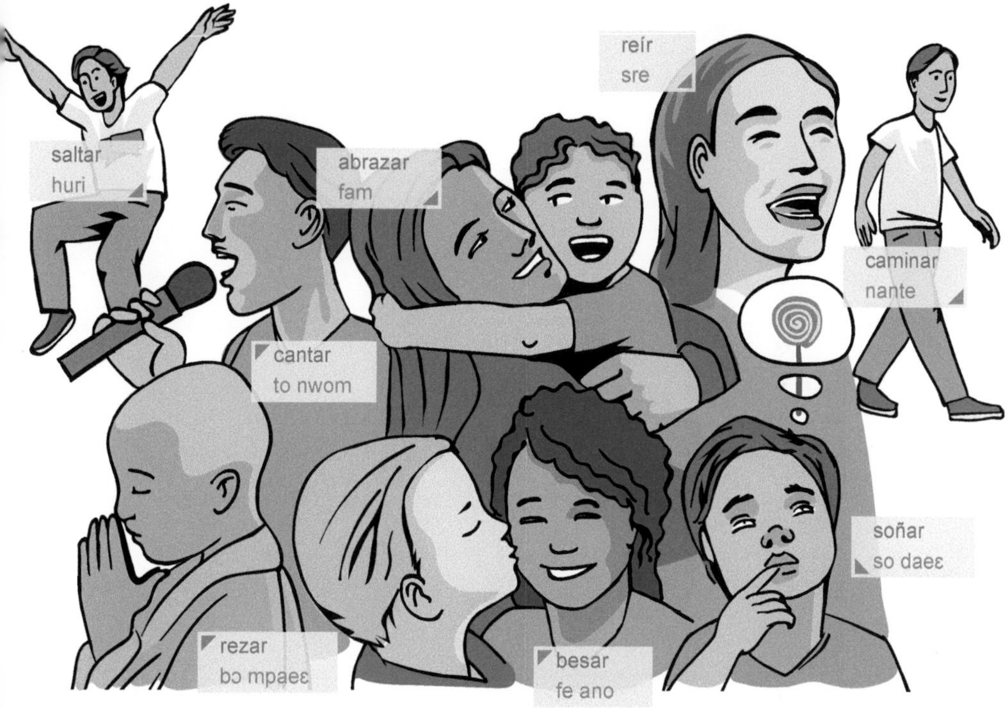

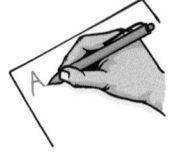

escribir
twerɛ

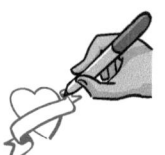

dibujar
dwidwi

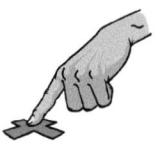

mostrar
kyerɛ

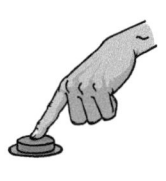

empujar
pia

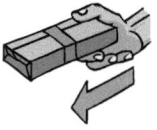

dar
ma

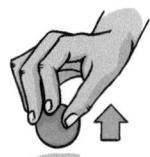

tomar
fa

tener

gye

hacer

yɛ

ser

yɛ

estar de pie

gyina

correr

tu mirika

tirar

twe

tirar

to

caer

to fam

yacer

twa ntoro

esperar

twɛn

llevar

soa

estar sentado

tena ase

vestirse

hyɛ atadeɛ

dormir

da

despertar

sɔre

mirar

hwɛ

llorar

su

acariciar

fa wo nsa fefa ho

peinar

nunu wotirim

hablar

kasa

entender

te aseɛ

preguntar

bisa

escuchar

tie

beber

nom

comer

didi

ordenar

siesie

amar

dɔ

cocinar

noa

conducir

ka kaa

volar

tu

navegar

ka

calcular

bo ho nkonta

leer

kan

aprender

sua

trabajar

yɛ adwuma

casarse

ware

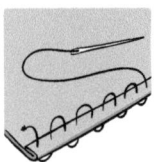

coser

pam

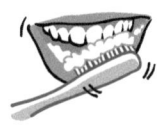

cepillarse los dientes

twitwi wo se

matar

kum

fumar

hye

enviar

soma

abuela
nanabaa

abuelo
nana barima

padre
papa

madre
maame

bebé
abɔfra

hija
babaa

hijo
babarima

invitado

ɔhɔhoɔ

tía

sewaa

tío

wɔfa

hermano

nua barima

hermana

nuabaa

# cuerpo
## nipadua

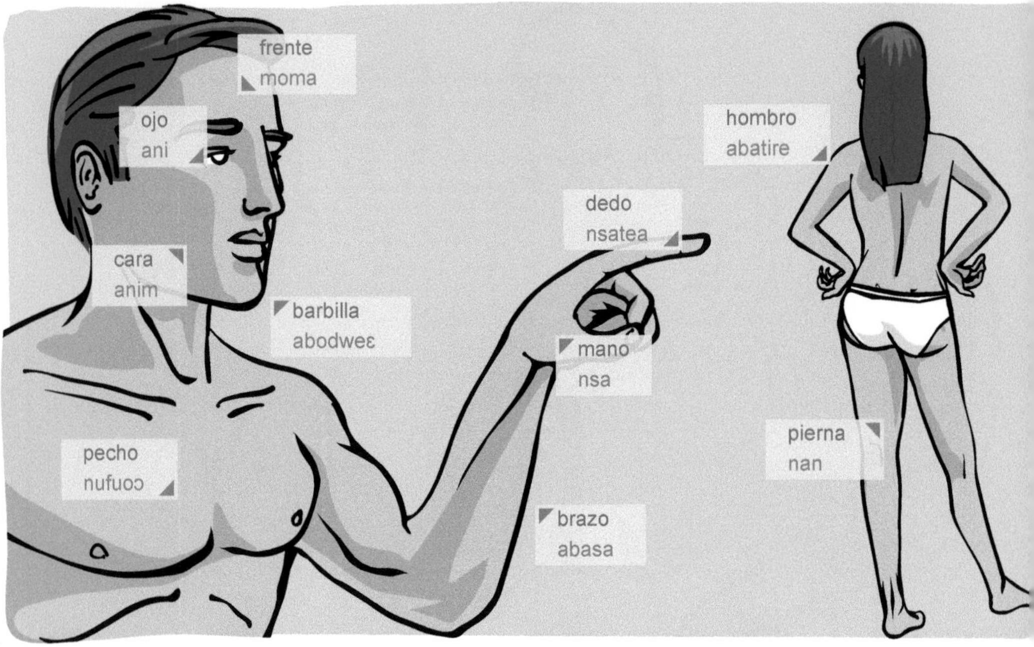

frente
moma

ojo
ani

cara
anim

barbilla
abodweɛ

hombro
abatire

dedo
nsatea

mano
nsa

pecho
nufuoɔ

pierna
nan

brazo
abasa

bebé

abɔfra

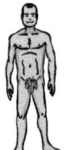

hombre

barima

mujer

ɔbaa

chica

abaayewa

chico

abarimaa

cabeza

ɛtire

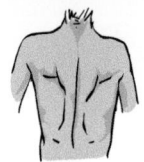

espalda
akyi

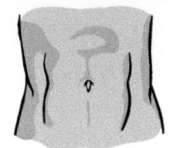

vientre
yafunu

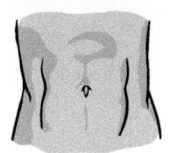

ombligo
furuma

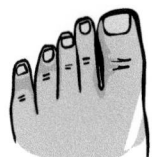

dedo del pie
nansoa

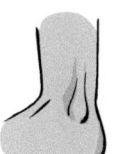

talón
nantini

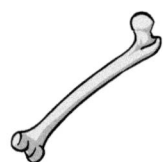

hueso
dompe

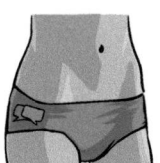

cadera
sisi

rodilla
kotodwe

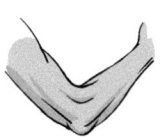

codo
abatwerɛ

nariz
hwene

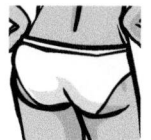

trasero
ɛtoɔ

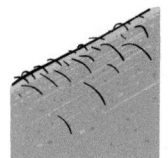

piel
wedeɛ

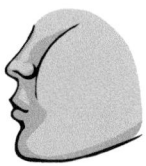

mejilla
afono

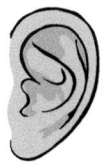

oído
aso

labio
ano

boca

ano

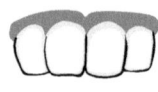

diente

ɛse

lengua

tɛkyerɛma

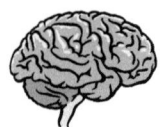

cerebro

adwene

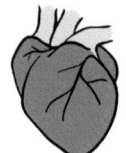

corazón

akoma

músculo

honam

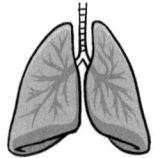

pulmón

ahrawa

hígado

brɛboɔ

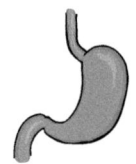

estómago

afuro

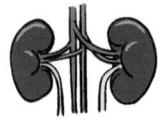

riñones

sawa

sexo

barima ne ɔbaa nna mu
nhyiamu

condón

kɔndɔm

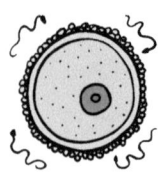

ovario

nkosua a ɛwɔ obaa mu

semen

barima ho nsuo

embarazo

nyinsɛn

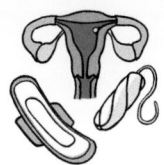

menstruación

brayɔ

vagina

ɛtwɛ

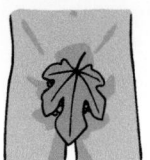

pene

kɔteɛ

ceja

aniakyi nwii

pelo

nwii

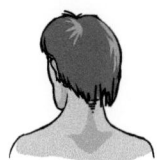

cuello

kɔn

# hospital
# asopiti

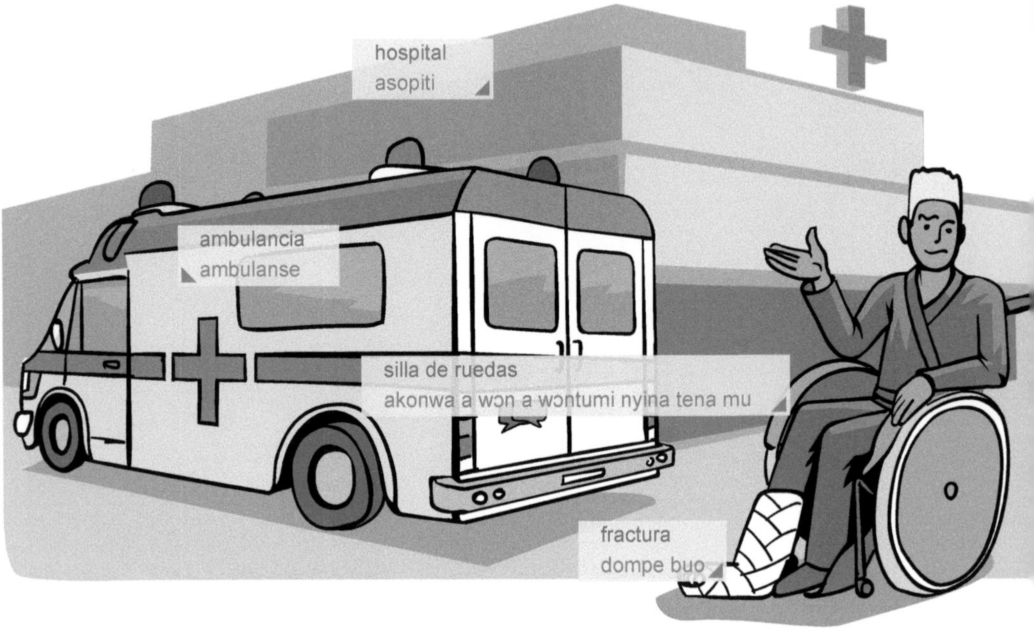

hospital
asopiti
ambulancia
ambulanse
silla de ruedas
akonwa a wɔn a wɔntumi nyina tena mu
fractura
dompe buo

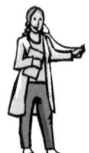

médico

dɔkota

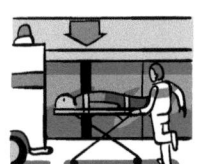

sala de urgencias

ɛdan a wɔde wɔn a wɔn apira kɔ mu kɔhwɛ wɔn ɔhare so

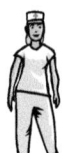

enfermera

nɛɛse

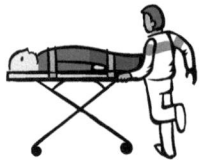

urgencia

putupru

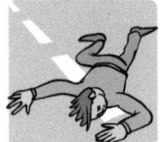

inconsciente

fenti

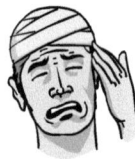

dolor

yaw

lesión

pira

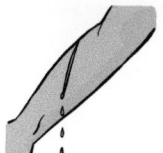

hemorragia

mogyatuo

infarto

akoma yareɛ

ictus

nwodwoɔ yareɛ

alergia

adeɛ wo honam mpɛ

tos

ɛwa

fiebre

ahoɔhyeɛ

gripe

papu

diarrea

ayɛmhwie

dolor de cabeza

tiripayɛ

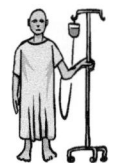

cáncer

kokoram

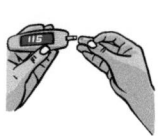

diabetes

asikyire yareɛ

cirujano

dɔkotani wɔpaepae obi sa
no yareɛ

bisturí

sekamma

operación

repaepae obi ho asa no
yareɛ

TAC

CT

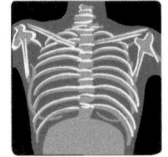

rayos x

x-ray

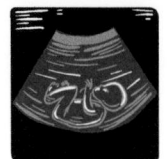

ultrasonido

mfonin a wɔtwa de hwɛ awodeɛ mu

mascarilla

anim nkatadeɛ

enfermedad

yareɛ

sala de espera

dan aa yɛtwɛn wɔ mu

muleta

klɔkye

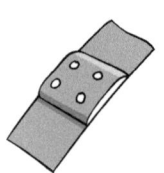

tirita

plasta

venda

bandege

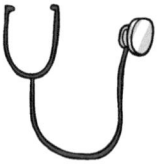

inyección

paneɛ

estetoscopio

afidie a wɔde tie dede wɔ nnipa ho

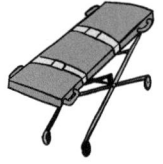

camilla

mpa

termómetro

afidie wɔde hwɛ ahoɔhyeɛ

nacimiento

awoɔ

sobrepeso

kɛseyɛ mmorosoɔ

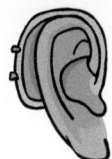

**audífono**

afidie a ɛboa ma obi te
asɛm yie

**desinfectante**

aduro a wɔde ko tia
yaremmoa bateria

**infección**

yareɛ nsaeɛ

**virus**

yaremmoawa

**VIH / SIDA**

HIV / AIDS

**medicina**

aduro

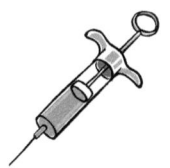

**vacunación**

nsianoaduru paneɛwɔ

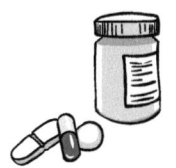

**tabletas**

nnuro a wɔmene

**pastilla**

aduro a wɔmene

**llamada de urgencia**

putupru frɛ

**tensiómetro**

afidie a wɔde hwɛ sɛdeɛ
mogya di aforosane

**enfermo / sano**

yareɛ / ahuɔden

| | | |
|---|---|---|
| ¡Socorro! | alarma | asalto |
| Boa me! | alam | repira obi |

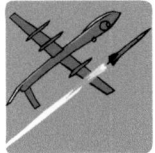

| | | |
|---|---|---|
| ataque | peligro | salida de emergencia |
| to hyɛ biribi so | amaneɛ | kwan a wɔfa so pue berɛ asɛm asi putupuru |

| | | |
|---|---|---|
| ¡Fuego! | extintor de incendios | accidente |
| Egya! | adeɛ a wɔde dum gya | akwanhyia |

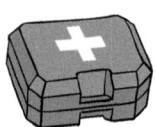

| | | |
|---|---|---|
| botiquín de primeros auxilios | SOS | policía |
| mmoa a edikan akadeɛ | SOS | polisi |

Europa

Europe

Norteamérica

North America

Sudamérica

South America

África

Africa

Asia

Asia

Australia

Australia

Atlántico

Atlantic

Pacífico

Pacific

Océano Índico

Indian Ocean

Océano Antártico

Antartic Ocean

Océano Ártico

Arctic Ocean

polo norte

North Pole

polo sur

South Pole

Antártida

Atartica

tierra

Ewiase

tierra

asaase

mar

ɛpo

isla

ɛpoano

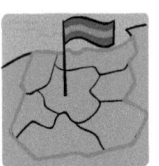

nación

ɔman

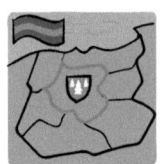

estado

ɔman

esfera

mmerɛ kyerɛfoɔ no anim

manecilla de las horas

dɔnhwere nsa

minutero

sima nsa

segundero

anitɛtɛ nsa

¿Qué hora es?

Abɔ sɛn?

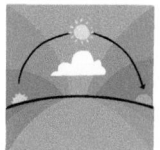

día

da

tiempo

mmerɛ

ahora

seisei ara

reloj digital

abɛɛfo mmerɛ kyerɛfoɔ

minuto

sima

hora

dɔnhwere

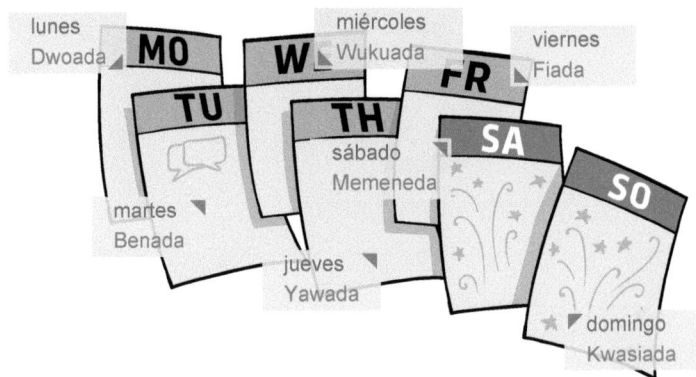

lunes
Dwoada

miércoles
Wukuada

viernes
Fiada

martes
Benada

sábado
Memeneda

jueves
Yawada

domingo
Kwasiada

ayer

ɛnora

hoy

nnɛ

mañana

ɔkyena

mañana

anɔpa

mediodía

awia

tarde

anwummerɛ

| MO | TU | WE | TH | FR | SA | SU |
|----|----|----|----|----|----|----|
| 1 | 2 | 3 | 4 | 5 | 6 | 7 |
| 8 | 9 | 10 | 11 | 12 | 13 | 14 |
| 15 | 16 | 17 | 18 | 19 | 20 | 21 |
| 22 | 23 | 24 | 25 | 26 | 27 | 28 |
| 29 | 30 | 31 | 1 | 2 | 3 | 4 |

días laborables

adwuma nna

| MO | TU | WE | TH | FR | SA | SU |
|----|----|----|----|----|----|----|
| 1 | 2 | 3 | 4 | 5 | 6 | 7 |
| 8 | 9 | 10 | 11 | 12 | 13 | 14 |
| 15 | 16 | 17 | 18 | 19 | 20 | 21 |
| 22 | 23 | 24 | 25 | 26 | 27 | 28 |
| 29 | 30 | 31 | 1 | 2 | 3 | 4 |

fin de semana

nnawɔtwe awieɛ

# año

# afe

lluvia
nsuo
arcoíris
nyankontɔn
nieve
asukɔtwea
viento
mframa
primavera
nsopitiemmere
otoño
twaberɛ
verano
ahuhuberɛ
invierno
awɔberɛ

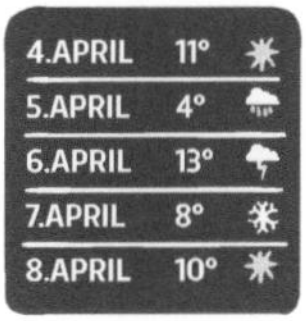

4.APRIL 11°
5.APRIL 4°
6.APRIL 13°
7.APRIL 8°
8.APRIL 10°

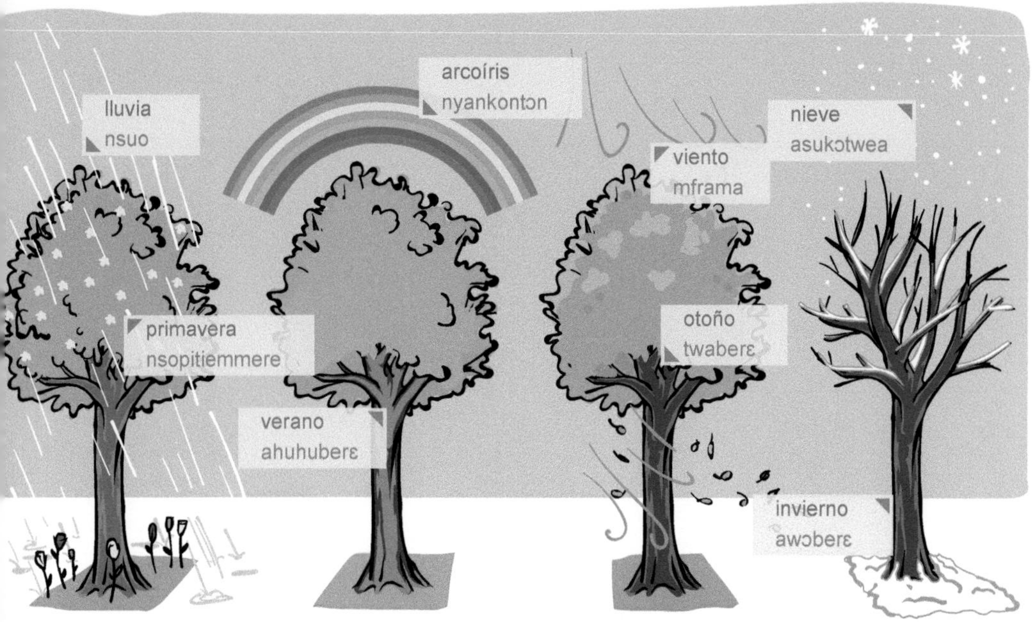

pronóstico del tiempo

ewiemu nsesaeɛ

F
C
120
90
60
30
0
-30
40
30
20
10
0
-10
-20

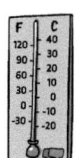

termómetro

afidie a wɔde hwɛ ahoɔhyeɛ

sol

awiabɔ

nube

munumkum

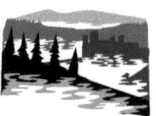

niebla

ɛbɔ

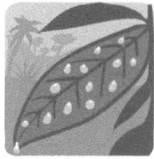

humedad

nsuo a ɛwɔ mframa mu

rayo

ayerɛmo

trueno

agradaa

tormenta

nsuden ne mframa

granizo

sukɔtwea

monzón

mframa a ɛde nsuo ba

inundación

nsuyiri

hielo

asukɔtwea

enero

☐pɛpɔn

febrero

☐gyefoɔ

marzo

☐bɛnem

abril

Oforisuo

mayo

Kotonimaa

junio

Ayɛwohumumɔ

julio

Kitawonsa

agosto

☐sanaa

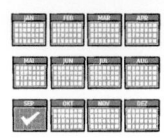

septiembre

ɛbɔ

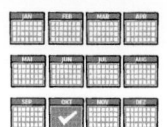

octubre

Ahinime

noviembre

Obubuo

diciembre

Ɔpɛnimaa

círculo

kanko

cuadrado

ahenanan

rectángulo

fasene

triángulo

ahinasa

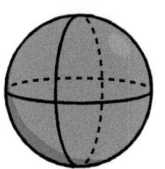

esfera

kanko

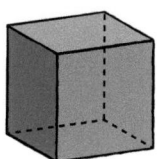

cubo

ahenanan

blanco

fitaa

amarillo

akokɔsradeɛ

anaranjado

akokɔsradeɛ

rosa

memen

rojo

kɔkɔɔ

morado

beredum

azul

bibire

verde

ahabanmono

marrón

dodoeɛ

gris

nson

negro

tuntum

mucho / poco

bebree / ketewa

enojado / tranquilo

abufuo / brɛo

bonito / feo

fɛfɛɛfɛ / tantantan

principio / fin

ahyɛaseɛ / awieɛ

grande / pequeño

kɛseɛ / ketewa

claro / oscuro

ɛhyerɛ / ɛdum

hermano / hermana

nua barima / nuabaa

limpio / sucio

ɛho te / ɛfi

completo / incompleto

wawie / onwieeyɛ

día / noche

anopa / anadwo

muerto / vivo

wawu / ɔtease

ancho / estrecho

emu bue/emu mmueɛ

comestible / no comestible

yetumi di / yentumi nni

malo / amable

bɔne / papa

entusiasmado / aburrido

anigyeɛ / w'ani nka

gordo / delgado

kɛseɛ / hwea

primero / último

di kan / ka akyi

amigo / enemigo

adanfo / atanfo

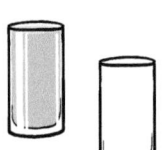

lleno / vacío

ayɛ ma / hwee nnimu

duro / blando

dendenden / mrɛmrɛmrɛ

pesado / ligero

emu ye duru / emu yɛ ha

hambre / sed

ɛkɔm / nsukɔm

enfermo / sano

yareɛ / ahuɔden

ilegal / legal

ɛnfa mmrakwanso / mmrakwanso

inteligente / tonto

nimdifo / gyimifo

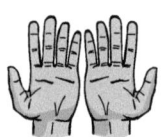

izquierda / derecha

benkum / nifa

cerca / lejos

ɛbɛn / ɛmu ware

nuevo / usado

foforo / dada

nada / algo

ɛnyɛ hwee / biribi

viejo / joven

panyin / abɔfra

encendido / apagado

sɔ / dum

abierto / cerrado

bue / yatom

silencioso / ruidoso

dinn / dede

rico / pobre

sikani / ohiani

correcto / incorrecto

papa / bone

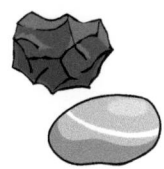

áspero / suave

wewerɛwewerɛ / tromtrom

triste / contento

awerehoɔ / anigye

corto / largo

tiatia / tentene

lento / rápido

brɛoo / ntɛm

húmedo / seco

afɔ / awo

cálido / frío

ɛyɛ hye / adwo

guerra / paz

ntɔkwa / asomdwoe

**0**

cero

ohunu

**1**

uno

baako

**2**

dos

mmienu

**3**

tres

mmiensa

**4**

cuatro

nan

**5**

cinco

num

**6**

seis

nsia

**7**

siete

nson

**8**

ocho

nwɔtwe

**9**

nueve

nkron

**10**

diez

du

**11**

once

du-baako

**12**

doce

du-mmienu

**13**

trece

du-mmiensa

**14**

catorce

du-nan

**15**

quince

du-num

**16**

dieciséis

du-nsia

**17**

diecisiete

du-nson

**18**

dieciocho

du-nwɔtwe

**19**

diecinueve

du-nkron

**20**

veinte

aduonu

**100**

cien

ɔha

**1.000**

mil

apem

**1.000.000**

millón

ɔpepe

inglés

Brofo kasa

inglés americano

Amerika Brɔfo

chino mandarín

Chinese Mandarin

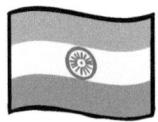

hindi

Hindi

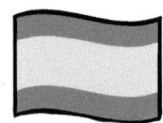

español

Spanish

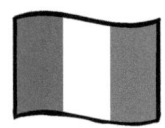

francés

French

árabe

Arabic

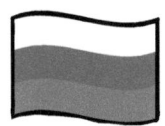

ruso

Russian

portugués

Portuguese

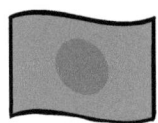

bengalí

Bengali

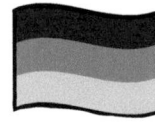

alemán

German

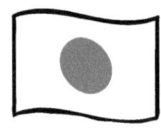

japonés

Japanese

yo

me

tú

wo

él / ella / ello

ɔno

nosotros/as

yɛn

vosotros/as

wo

ellos/as

wɔn

¿quién?

hwan?

¿qué?

aden?

¿cómo?

sɛn?

¿dónde?

ɛhefa?

¿cuándo?

dabɛn?

nombre

din

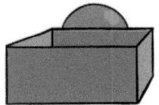

detrás

n'akyi

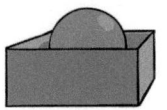

en

εmu

delante de

wɔ n'anim

por encima de

soro

sobre

so

debajo de

aseε

junto a

nkyene

entre

ntam

lugar

fa hyε